ACTUALIZANDO LA MEDIANA EDAD

ACTUALIZANDO LA MEDIANA EDAD
Perspectivas psicoanalíticas

Editado por

Guillermo Julio Montero
Alicia Mirta Ciancio de Montero
Liliana Singman de Vogelfanger

KARNAC

Primera publicación: 2013
118 Finchley Road, London NW3 5HT
Reino Unido

ISBN-13: 978-1-91044-403-0

www.karnacbooks.com/es

ÍNDICE

AGRADECIMIENTOS   ix

SOBRE LOS EDITORES Y COLABORADORES   xi

PREFACIO   xvii

INTRODUCCIÓN DEL DR. ABEL MARIO FAINSTEIN
   A LA VERSIÓN ESPAÑOLA DE
Updating midlife: psychoanalytic perspectives   xix
Guillermo Julio Montero, Alicia Mirta Ciancio de Montero
   y Liliana Singman de Vogelfanger

INTRODUCCIÓN   xxi
Guillermo Julio Montero (Argentina)
Alicia Mirta Ciancio de Montero (Argentina)
Liliana Singman de Vogelfanger (Argentina)

v

CAPÍTULO UNO
Mediana edad y finitud   1
Alcira Mariam Alizade (Argentina)

CAPÍTULO DOS
Entrevista con *Christopher Bollas* (Inglaterra)   11

CAPÍTULO TRES
Entrevista con *Stefano Bolognini* (Italia)   27

CAPÍTULO CUATRO
Entrevista con *Calvin Anthony Colarusso* (USA)   39

CAPÍTULO CINCO
Entrevista con *Franco de Masi* (Italia)   49

CAPÍTULO SEIS
Entrevista con *Cláudio Laks Eizirik* (Brasil)   67

CAPÍTULO SIETE
La inevitabilidad del sufrimiento humano ...   79
Haydée Faimberg (Francia)

CAPÍTULO OCHO
Entrevista con *Glen O. Gabbard* (USA)   97

CAPÍTULO NUEVE
Entrevista con *Charles M. T. Hanly* (Canadá)   109

CAPÍTULO DIEZ
La edad media de la vida: el fin de la procrastinación   121
Dr. Luis Kancyper (Argentina)

CAPÍTULO ONCE
Entrevista con *Norberto Carlos Marucco* (Argentina)   131

CAPÍTULO DOCE
La madurescencia (mediana edad): definición,
    metapsicología y clínica.   143
Guillermo Julio Montero (Argentina)

CAPÍTULO TRECE
Entrevista con *Leo Rangell* (USA)   171

CAPÍTULO CATORCE
Respuestas al cuestionario   179
David Rosenfeld (Argentina)

AGRADECIMIENTOS

Queremos expresar nuestro agradecimiento a todos aquellos colegas que han participado en esta obra por su buena predisposición a ser entrevistados por nosotros y por seguir atentamente todo el proceso de elaboración, mostrándose siempre dispuestos a resolver cualquier duda o a hacer cualquier tipo de aclaración.

También queremos dar las gracias a nuestros colegas de la Fundación Travesía (Psicoanálisis para la transición y crisis en la mediana edad) así como a todos los miembros de nuestro Grupo de Investigación: Metapsicología de la mediana edad, parte de la Asociación Psicoanalítica Argentina, por haber sido una fuente inagotable de motivación y estímulo intelectual, algo esencial en una empresa de esta naturaleza.

Queremos mencionar también el apoyo, entusiasmo y valoración crítica que hemos recibido por parte del Dr. Abel Mario Fainstein (Buenos Aires) quien creyó en nuestra idea desde un primer momento.

Lamentablemente, el Dr. Leo Rangell falleció pocos meses después de haber corregido la transcripción de la entrevista que había realizado con nosotros. Lo lamentamos profundamente y le extrañamos como a un verdadero maestro. Pensamos que su capítulo dentro de este libro puede ser considerado como su último regalo para la comunidad psicoanalítica internacional.

Del mismo modo, poco tiempo después de que apareciera la primera edición de *Updating Midlife: Psychoanalytic Perspectives*, fallecía nuestra colega y amiga, la Dra. Alcira Mariam Alizade. Somos conocedores del entusiasmo que mostró ante nuestra propuesta de trabajo y de la alegría con la que recibió el libro que contenía la elaboración de la entrevista que había mantenido con nosotros. Queremos dejar por escrito nuestro mejor recuerdo y agradecerle sus enseñanzas y su afecto con un simple: *Hasta siempre, querida Mariam.*

Nota: El lector encontrará varias letras mayúsculas al comienzo de cada párrafo en los capítulos que contienen entrevistas; en todos los casos dichas mayúsculas corresponden a las iniciales del entrevistador y del entrevistado.

Guillermo Julio Montero
Alicia Mirta Ciancio de Montero
Liliana Singman de Vogelfanger

SOBRE LOS EDITORES Y COLABORADORES

Editores

Guillermo Julio Montero es Licenciado en Psicología y Magíster en Psicoanálisis, además de psicoanalista y supervisor didáctico. Miembro de la IPA (International Psychoanalytical Association) y de la APA (Asociación Psicoanalítica Argentina). Es Presidente del Comité de Envejecimiento de Pacientes y Analistas de la IPA por América Latina y miembro del Consejo Editorial de *Karnac Books* para América Latina y España. Es profesor en el Instituto de Psicoanálisis y co-coordina el Grupo de Estudio: Metapsicología de la mediana edad, ambos dentro de la APA. Es el Presidente de la Fundación Travesía (Psicoanálisis para la transición y crisis de la mediana edad) y autor de *La travesía por la mitad de la vida: exégesis psicoanalítica*, además de co-autor de *Para comprender la mediana edad: historias de vida* y de *Mediana edad: estudios psicoanalíticos*, así como de numerosos artículos presentados en diferentes congresos nacionales e internacionales (Río de Janeiro, Chicago y Praga), varios de los cuales han sido publicados en revistas psicoanalíticas en Argentina, Brasil, USA, España y Corea.

Alicia Mirta Ciancio de Montero es Licenciada en Psicología, psicoanalista y supervisora didáctica. Miembro de la IPA (International Psychoanalytical Association) y de la APA (Asociación Psicoanalítica Argentina), enseña en el Instituto de Psicoanálisis y co-coordina el Grupo de Estudio: Metapsicología de la mediana edad, ambos en la APA. Es Vice-Presidente de la Fundación Travesía (Psicoanálisis para la transición y crisis de la mediana edad) y co-autora de: *Para comprender la mediana edad: historias de vida* y de *Mediana edad: estudios psicoanalíticos*, así como de numerosos artículos presentados en diferentes congresos nacionales e internacionales.

Liliana Singman de Vogelfanger es Licenciada en Psicología y psico-analista. Miembro de la IPA (International Psychoanalytical Association) y de la APA (Asociación Psicoanalítica Argentina), es profesora en el Instituto de Psicoanálisis y co-coordina el Grupo de Estudio: Metapsicología de la mediana edad, dentro de la APA. Es Vocal de la Comisión Directiva de la Fundación Travesía (Psicoanálisis para la transición y crisis de la mediana edad) y es co-autora de *Mediana edad: estudios psicoanalíticos*; así como de numerosos artículos presentados en diferentes congresos nacionales e internacionales.

Colaboradores

Alcira Mariam Alizade, psiquiatra y psicoanalista didáctica de la APA (Asociación Psicoanalítica Argentina), ejerció como Presidenta del Comité de Mujeres y Psicoanálisis de la IPA (International Psychoa-nalytical Association) desde 2001 al 2005 y fue Secretaria Científica de la FEPAL (Federación Psicoanalítica de América Latina) desde 2006 hasta 2008. Autora de los libros: *La sensualidad femenina, Clínica con la muerte, Adiós a la sangre, La pareja rota* y *Lo positivo en psicoanálisis*, editó la serie de IPA-COWAP (Karnac Series): *The Embodied Female, Studies on Femini-nity, Masculine Scenarios, Motherhood in the 21st Century*, y los trabajos de COWAP: *Latin-American Intergenerational Dialogues*.

Christopher Bollas es miembro de la Sociedad Psicoanalítica Británica, del Instituto y Sociedad para Estudios Psicoanalíticos de Los Ángeles, y miembro honorario del Instituto para el Psicoanálisis Didáctico y la Investigación de Nueva York. Fue director de educación en el Auten Riggs Center en Stockbridge (Massachusetts) y Profesor de Literatura

Inglesa en la Universidad de Massachusetts además de Profesor de psicoanálisis invitado en el Instituto de Neuropsiquiatría Infantil en la Universidad de Roma desde 1978 hasta 1988. Editó los comentarios de libros del International Journal of Psychoanalysis y fue asesor del equipo editorial del International Forum de Psicoanálisis; sus libros más recientes son *The Infinite Question* y *China on the Mind*—un estudio de la integración del pensamiento oriental en los postulados psicoanalíticos.

Stefano Bolognini es psicoanalista y supervisor didáctico, Presidente de la Sociedad Psicoanalítica Italiana y Presidente de la IPA (International Psychoanalytical Association), además de miembro del comité europeo del International Journal of Psychoanalysis desde 2002. Ha publicado más de 160 artículos sobre temas psicoanalíticos en revistas italianas y extranjeras, así como los libros: *Like Wind, Like Wave* (Premio Gradiva 2000), *La empatía psicoanalítica* y *Pasajes secretos: teoría y técnica de lo intrapsíquico*, todos ellos publicados en Italia, Brasil, Alemania y Argentina. Fue supervisor de los equipos médicos y psiquiátricos del Servicio Nacional de Salud Mental durante más de veinticinco años.

Calvin Anthony Colarusso es psicoanalista y supervisor didáctico de niños y adultos en el Instituto Psicoanalítico de San Diego, así como Profesor de Psiquiatría Clínica en la Universidad de California en San Diego. Es co-autor de: *Adult Development: The Race against Time* y de *New Dimensions in Adult Development*; además de autor de *Child and Adult Development, The long Shadow of Sexual Abuse, Fulfillment in Adulthood: Paths to the Pinnacle of Life* y *Desarrollo psíquico: el tiempo y la individuación a lo largo del ciclo vital*, así como de varios artículos publicados en revistas psicoanalíticas. Es profesor en USA, Corea y Argentina, y es Presidente Honorario de la Fundación Travesía (Psicoanálisis para la transición y crisis de la mediana edad).

Franco de Masi es psiquiatra y psicoanalista didáctico de la Sociedad Psicoanalítica Italiana. Ex-Presidente del Centro Milanés de Psicoanálisis y Secretario del Instituto Didáctico de Milán. Autor de los libros: *La perversión sadomasoquista, El límite de la existencia* y *Vulnerability to Psychosis*, es editor de *Herbert Rosenfeld at Work: The Italian Seminars*, así como autor de muchos artículos publicados en diferentes revistas psicoanalíticas.

Cláudio Laks Eizirik es médico y Profesor Adjunto en el Departamento de Psiquiatría de la Universidad Federal de Rio Grande do Sul, y psicoanalista y supervisor didáctico de la Sociedad Psicoanalítica de Porto Alegre. Ex-Presidente de FEPAL (Federación Psicoanalítica de América Latina) y de IPA (International Psychoanalytical Association), ha sido co-editor de libros sobre el ciclo vital humano, la teoría y la práctica de la psicoterapia psicoanalítica y la contratransferencia; y ha publicado muchos trabajos sobre técnica psicoanalítica, psicoanálisis didáctico, el proceso de envejecimiento, y sobre la relación del psicoanálisis y la cultura. Recibió el Premio Sigourney en 2011.

Haydée Faimberg es doctora en medicina, psicoanalista y supervisora didáctica de la Sociedad Psicoanalítica de París y de la APA (Asociación Psicoanalítica Argentina). Es ex-Vice-Presidente de la IPA (International Psychoanalytical Association) y se dedica a la práctica privada en París. Faimberg ha escrito sobre la transmisión entre las generaciones y las consecuencias psíquicas del nazismo en los pacientes psicoanalíticos Lewis Carroll e Ítalo Calvino. Tiene capítulos publicados en quince libros. Su obra principal es *El telescopaje de generaciones: a la escucha de los lazos narcisistas entre las generaciones*. Recibió el Premio Haskell Norman en 2005 y el Premio Mary Sigourney en 2013.

Glen O. Gabbard es médico, Profesor de Psiquiatría en State University de Nueva York, Upstate medical University en Syracuse (Nueva York), Profesor Clínico de Psiquiatría en el Baylos College of Medicine en Houston (Texas), y psicoanalista y supervisor didáctico en el Centro de Estudios Psicoanalíticos de Houston. Entre 2001 y 2007 fue el primer Editor Jefe no británico del International Journal of Psychoanalysis. Obtuvo el Premio Mary Sigourney por sus contribuciones sobresalientes al psicoanálisis. Es autor y editor de veintisiete libros incluyendo *Textbook of Psychoanalysis*.

Charles M. T. Hanly es Profesor y psicoanalista en el terreno de la práctica privada, así como psicoanalista didáctico en el Toronto Institute of Psychoanalysis y Profesor Emérito de la Universidad de Toronto. Al finalizar sus estudios en la Universidad de Toronto, obtuvo una beca Woodrow Wilson que le permitió realizar trabajos de investigación en la Universidad de Oxford, como paso previo a la realización de su Doctorado en Filosofía en la Universidad de

Toronto. Completó su análisis didáctico y se convirtió en miembro de la Sociedad Psicoanalítica de Canadá en 1974. Se ha mantenido activo en la IPA (International Psychoanalytical Association) promoviendo un liderazgo activo al permitir que los grupos independientes de USA se convirtieran en sociedades componentes de la IPA. Ha tenido también un papel activo en la promoción del nuevo lanzamiento del psicoanálisis en Europa del este y en la formación de nuevos grupos internacionales. Ha ejercido muchas veces cargos en el consejo ejecutivo y en el comité de representantes, y fue Presidente de la IPA desde 2009 hasta 2013. Es autor de cuatro libros y de más de setenta trabajos científicos y clínicos en el campo del psicoanálisis.

Luis Kancyper es médico y psicoanalista además de supervisor didáctico de niños, adolescentes y adultos de la IPA (International Psychoanalytical Association) y de la APA (Asociación Psicoanalítica Argentina). Ha organizado seminarios y tutorías en diferentes sociedades psicoanalíticas de América Latina y Europa durante muchos años. Ha escrito los libros: *Jorge Luis Borges o el laberinto de Narciso, Resentimiento y remordimiento, La confrontación generacional, Jorge Luis Borges o la pasión de la amistad, El complejo fraterno, Adolescencia: el fin de la ingenuidad* y *Resentimiento terminable e interminable*, la mayoría de los cuales han sido traducidos a varios idiomas.

Norberto Carlos Marucco es médico, psicoanalista y supervisor didáctico de la IPA (International Psychoanalytical Association) y de la APA (Asociación Psicoanalítica Argentina), de la cual fue Presidente. Es co-coordinador del Comité de Educación de FEPAL (Federación Psicoanalítica de América Latina), ganador del Premio Konex en 2006 y miembro del International New Group, y de CAPSA (Comité de Práctica Analítica y Actividades Científicas). Su libro *Cura analítica y transferencia* ha sido traducido al italiano y es co-autor de varios libros en castellano, inglés, francés y portugués.

Guillermo Julio Montero (Véase Editores).

Leo Rangell fue miembro pleno de la IPA (International Psychoanalytical Association) y, por medio de la IPA se convirtió en miembro pleno del Instituto y Sociedad para Estudios Psicoanalíticos y del The New Center for Psychoanalysis en Los Ángeles. Fue Presidente Honorario de la IPA y de la APA (American Psychoanalytical Association), en dos ocasiones en ambos casos y Profesor Clínico de Psiquiatría en la Universidad de California en Los Ángeles y en San Francisco. Es autor de más de quinientas publicaciones sobre psicoanálisis y las ciencias de la mente relacionadas, incluyendo su famoso libro, *The Road to Unity in Psychoanalytic Theory.*

David Rosenfeld es médico y miembro pleno de APdeBA (Asociación Psicoanalítica de Buenos Aires) y de la IPA (International Psychoanalytical Association). Es Profesor de Salud Mental y Psiquiatría en la Universidad de Buenos Aires y ha publicado varios libros: *The Psychotic Aspects of the Personality, The Soul, The Mind and the Psychoanalyst* y *The Creation of the Self and Language.* Obtuvo el Premio Sigourney en 1998.

PREFACIO

La coincidencia en el año 2009 de la celebración en Chicago del XLVI Congreso de la Asociación Psicoanalítica Internacional con el vigésimo aniversario de la creación de la Fundación Travesía, institución dedicada al estudio psicoanalítico de la transición y crisis de la mediana edad, nos llevó a mantener una serie de entrevistas con prestigiosos psicoanalistas procedentes de distintas partes del mundo, con la intención de compartir y comparar ideas en un intento de promover el desarrollo de una comprensión metapsicológica de la mediana edad.

El único factor común en la serie de entrevistas individuales llevadas a cabo fue un breve cuestionario al que denominamos: *Cinco preguntas para una entrevista acerca de la mediana edad* y que sirvió precisamente como punto de partida para cada una de las propuestas. Las preguntas tenían como objetivo lograr una definición orientativa de la mediana edad, además de aquellos aportes teóricos de Freud que cada entrevistado considerara útiles para una mejor comprensión de la mediana edad, junto con una descripción de cada marco individual que sirviera para concebir la mediana edad, además de todo aquello que pudiera ir surgiendo de la entrevista misma y que cada entrevistado creyera oportuno aportar.

Nuestro propósito original implicaba la realización de un trabajo de recopilación audiovisual al que llamamos: *Actualizando la mediana edad*, que sintetizaba en sesenta minutos nuestra serie de entrevistas. Con posterioridad, el video original, que también está editado, fue abierto a nuevos autores y constituye el complemento natural de este libro.

Después de ver *Actualizando la mediana edad*, varios de los entrevistados coincidieron en que sería importante que recopiláramos en un libro la transcripción completa de cada entrevista, y fue así como comenzó a gestarse este libro. Sin embargo, para que no fuera una mera sucesión de entrevistas, pedimos a cada entrevistado una relectura y actualización de todo lo que había expresado, y les reenviamos la transcripción de su entrevista para que tuvieran la oportunidad de reelaborar en la manera en que lo creyeran oportuno su propio capítulo en el libro. Fue así como algunos entrevistados mantuvieron el formato original (Bollas, Bolognini, Colarusso, Eizirik, Gabbard o Hanly), otros reformularon la serie de preguntas (de Masi), y otros convirtieron con total libertad la entrevista en un ensayo acerca del tema (Alizade). Finalmente, invitamos a otros cinco colegas, quienes recibieron también el cuestionario original, a que se unieran a nuestro proyecto. Mantuvimos la misma entrevista online con Rangell, quien también la revisó; o a través del cuestionario con Rosenfeld. Cada entrevistado pudo también revisar, editar y presentar su trabajo en la manera en que lo desearan, incluso como si fuera un nuevo ensayo como hicieron Faimberg, Kancyper y Montero.

Queremos mostrar nuestro agradecimiento a todos los colegas que participaron en el proyecto, quienes en todo momento mostraron una gran predisposición hacia nosotros y hacia nuestra propuesta. El resultado de todo este trabajo es: *Actualizando la mediana edad: perspectivas psicoanalíticas*, un libro que se diferencia por su pluralidad al permitir a psicoanalistas pertenecientes a diferentes marcos teóricos y de diferentes nacionalidades, la exposición de su propio entendimiento del tema a tratar.

La siguiente introducción es un intento de ofrecer al lector un cotejo de ideas que aunque nunca podría resumir la riqueza de cada uno de los aportes individuales, sí creemos que puede sintetizar en algún modo el espíritu de intercambio que pretendemos que transmita *Actualizando la mediana edad: perspectivas psicoanalíticas*.

Guillermo Julio Montero
Alicia Mirta Ciancio de Montero
Liliana Singman de Vogelfanger

Updating midlife: psychoanalytic perspectives

*Guillermo Julio Montero, Alicia Mirta Ciancio de
Montero y Liliana Singman de Vogelfanger*

Es un gran placer introducir la lectura de este nuevo libro editado por
queridos colegas y amigos, en especial, porque actualiza el tema de la
edad media de la vida, al que han dedicado su investigación desde hace
muchos años, y, porque al tratarse de un momento del ciclo vital que
plantea un proceso elaborativo que de una u otra manera atravesamos
todos, y que puede resultar en salidas creativas o en consecuencias
lamentables, su lectura puede ser útil para facilitar la comprensión del
tema y así facilitar desenlaces diferentes.

Escrito en Buenos Aires, aunque como resultado del intercambio con
colegas de otras partes del mundo, este libro se inscribe en una senda
que engloba desde la extensa bibliografía sobre la niñez y adolescencia
producida por pioneros del psicoanálisis en esta región del mundo
desde hace más de sesenta años, hasta, en los últimos años, bibliografía
sobre la tercera edad. Es decir, sobre distintas etapas de la vida en las
que podemos seguir el desarrollo humano y que, lejos de una perspectiva evolutiva lineal, supone sucesivas resignificaciones de los avatares
de cada una de ellas desde etapas subsiguientes.

Los autores han optado por un formato altamente original: sumar a
sus propias perspectivas una serie de entrevistas con destacados colegas locales y de distintas partes del mundo como son Alcira Mariam

Alizade, Christopher Bollas, Stefano Bolognini, Calvin Anthony Colarusso, Franco de Masi, Cláudio Laks Eizirik, Haydée Faimberg, Glen O. Gabbard, Charles M. T. Hanly, Luis Kancyper, Norberto Carlos Marucco, Leo Rangell y David Rosenfeld. A través de estas entrevistas aparecen los puntos de vista de cada uno de ellos sobre el tema que nos ocupa.

Tenemos en nuestras manos un material que sin duda marcará un hito importante en el estudio de esta temática que hasta el momento ha sido poco desarrollada.

Haber sido presentado originalmente en inglés y simultáneamente en todo el mundo, añade un interés especial a su aparición entre nosotros. La barrera idiomática ha sido siempre un obstáculo importante para hacer conocer nuestras producciones al resto del mundo. Esto me hace darle una especial bienvenida como Presidente de FEPAL (Federación Psicoanalítica de América Latina) ya que muestra el interés que despiertan nuestras mejores producciones entre la comunidad internacional y favorece nuestro intercambio recíproco.

Estoy seguro de que la lectura de sus páginas, que enriquecen el psicoanálisis a la vez que la comprensión de esta etapa de la vida, será también una experiencia placentera para quien la emprenda.

INTRODUCCIÓN

Guillermo Julio Montero (Argentina)
Alicia Mirta Ciancio de Montero (Argentina)
Liliana Singman de Vogelfanger (Argentina)

Para una definición de la mediana edad

Habiéndonos dedicado al estudio de la mediana edad desde hace más de veinte años, hemos mantenido desde entonces el supuesto de que la mediana edad requiere ser comprendida con la misma especificidad psicoanalítica y metapsicológica que la infancia y la adolescencia. Consideramos que la mediana edad no implica un problema cronológico, sino que se trata de la respuesta psíquica posible a la percepción imperante y esencialmente inconsciente del envejecimiento del propio cuerpo. Esta percepción desencadena un trabajo psíquico específico que es lo que denominamos trabajo psíquico de la mediana edad, algo que abarca reacciones que se mueven dentro de un espectro que comprende desde los micro-procesos de elaboración continua, en un extremo, hasta los procesos defensivos primarios basados en la desmentida, en el otro. El trabajo psíquico de la mediana edad evidencia la herida narcisista que se activa a partir de la percepción del propio envejecimiento, algo que puede dar lugar a sentimientos de profundo dolor y desvalimiento.

En el extremo de los micro-procesos de elaboración, el paciente de mediana edad presenta un estado de angustia o depresión causado por la dificultad de asimilar la vivencia de su propia finitud, debido en muchos casos a la percepción de la limitación del tiempo, percepción que desencadena un diálogo particular entre lo vivido y lo que queda por vivirse. Cuando este diálogo queda instalado puede motivar cuestionamientos personales, vinculares o profesionales. Este polo del espectro es el que denominamos polo de la transición de la mediana edad.

El otro extremo presenta reacciones más extremas, que, como ya anticipamos, suelen implicar la utilización de modalidades defensivas primarias centradas en la desmentida, que muestra los estados de angustia o depresión a través de salidas disruptivas, tales como accidentes, enfermedades somáticas extremas, rupturas amorosas inesperadas etcétera. Al intentar detener el paso del tiempo o promover un cambio urgente para evitar una realidad dolorosa, estas manifestaciones desesperadas evidencian que la profunda herida narcisista activada no puede hallar un espacio psíquico para su elaboración. Este polo del espectro es el que denominamos polo de la crisis de la mediana edad. Todas estas conceptualizaciones, que son las que sustenta la *Fundación Travesía (psicoanálisis para la transición y crisis de la mediana edad)*, pueden hallarse en el capítulo de Montero.

Esta introducción pretende cotejar algunos conceptos que hemos seleccionado de cada uno de nuestros entrevistados. Sorprendentemente, los psicoanalistas consultados coinciden en que la mediana edad, considerada como una etapa más del ciclo vital, precisa una comprensión metapsicológica específica.

Colarusso abre el debate, por así decirlo, cuando sostiene que la mediana edad es una etapa específica del ciclo vital: "Yo definiría la mediana edad como la etapa del desarrollo que abarca entre los cuarenta y los sesenta y cinco años y que se caracteriza por el compromiso en varias tareas evolutivas cuasi-universales que son únicas para este momento de la vida"; es decir, plantea la mediana edad como un lapso temporal que tiene características particulares. Este planteamiento abre la puerta a la posibilidad de una definición, que también es el propósito de esta obra.

Por otra parte, varios entrevistados sostuvieron la necesidad de seguir desarrollando, a partir de la teoría freudiana, un estudio de la mediana edad específico para dicha etapa. Eizirik destaca que Freud "basó toda su metapsicología y clínica en la relación del pasado con el presente y la infancia por ejemplo. Sin embargo, había una falta de estudios específicos, por ejemplo sobre la adolescencia, donde autores como Aberasturi, hicieron sus aportaciones". Así Eizirik resalta la falta de un estudio equivalente dedicado a la mediana edad.

Al respecto, Alizade recuerda que "Freud (1911) afirmó haber hecho un gran descubrimiento al mismo tiempo que señalaba que habían quedado áreas sin explorar, tarea que realizarían las generaciones futuras. Los grandes capítulos psicoanalíticos sobre la travesía por la vida, el envejecimiento y la finitud forman parte de estas nuevas exploraciones". También considera que "el trabajo psíquico desencadenado por la llamada mediana edad acerca al sujeto al borde de lo irrepresentable e impensable. La sorpresa psíquica producida por la certeza de un día no estar más sobre la tierra provoca la emergencia de significantes de transformación".

De Masi muestra su conformidad con la idea de que el psicoanálisis ha infravalorado la importancia de esta etapa de la vida y se pregunta por qué algunas personas entran en una crisis en la mediana edad, para responder que "el problema es si las personas poseen buenos objetos internalizados para afrontar lo que es la crisis de identidad que acompaña el pasaje por la mediana edad".

Por su parte Marucco, considera que si bien el tema de la mediana edad muestra unas características universales, influenciadas por las características culturales de la época, también mantiene que queda mucho por investigar al respecto, "Entonces la mediana edad se convierte en un punto focal del análisis y promueve una nueva oportunidad en la vida: el individuo tiene la oportunidad de revisar y reorganizarse, y la manera en que lo haga tendrá un impacto enorme en su futuro".

Siguiendo este principio de una nueva oportunidad, de un tiempo que se detiene en pos de un cuestionamiento, Bollas piensa que la pregunta más importante en la mediana edad es « ¿Quién soy?»: "Si la pregunta durante la adolescencia es: ¿en qué me estoy convirtiendo?, la pregunta del joven adulto de los veintiséis o veintisiete años es: ¿de dónde vengo?, ¿cuál fue mi familia, mi padre, mi madre?, entonces pienso que la pregunta a los treinta y pico o cuarenta y pico es: ¿quién soy yo?".

Por su parte Bolognini, enfatiza esta línea cuando enuncia que: "la mediana edad es un período muy específico de la vida humana donde se presentan muchas oportunidades".

Rangell sostiene, casi a modo de definición que "puede ser un período de la vida muy ruidoso, que puede abarcar un cambio repentino en la experiencia desde la satisfacción hasta una preocupación aplastante y una insistente falta de satisfacción, coincidiendo con una vivencia generalizada de angustia flotante y/o también depresión. El afecto general es que no todo está bien, y que la trayectoria de la vida se encuentra en un impasse o incluso en un declive."

Siguiendo estos comentarios podríamos preguntarnos cuáles son los procesos psíquicos específicos que se desencadenan. Resulta importante comenzar por la idea de Kancyper de que "la edad media de la vida puede llegar a ser una etapa privilegiada de la resignificación y de la alternativa en la que el sujeto tiene la opción de poder efectuar transformaciones inéditas en su personalidad." Pensando específicamente en la mediana edad, Kancyper la ubica "entre el trabajo psíquico de elaboración de la omnipotencia de la adolescencia y la caída de la potencia en la senescencia con la asunción de la propia potencia posible inherente a esa edad, teniendo que poner ineluctablemente un cierto límite al aplazamiento".

El cuerpo y el narcisismo en la mediana edad

Montero sostiene la importancia del narcisismo en la mediana edad cuando dice que "la moratoria madurescente tiene que ver con «el punto más espinoso del sistema narcisista, esa inmortalidad del yo que la fuerza de la realidad asedia duramente» y que se presenta como un dolor ante la inevitabilidad del propio envejecimiento y la eventual muerte".

Gabbard hace alusión a esta línea del narcisismo en su definición de la mediana edad, cuando sostiene: "[la mediana edad] es cuando un individuo comienza a reconocer los límites de su omnipotencia, cuando se comienza a admitir que la vida no va a durar para siempre, que existe un cuerpo que está envejeciendo y un deterioro de la propia salud, y, por supuesto, a ésto se une el tema existencial de la muerte y del sentido de la vida."

Por su parte, los comentarios iniciales de Bollas, confirman la importancia del narcisismo y de las cuestiones que promueve el cuerpo; un ensayo irónico de la experiencia adolescente porque en ésta el cuerpo propone cuestiones que podríamos llamar narcisísticamente desafiantes, pero hasta la juventud no nos sentimos infelices con ellas porque estamos creciendo, estamos en medio del orgullo del adolescente, de la grandiosidad y del poder de la adolescencia. La mediana edad, por supuesto, es un tipo de après-coup irónico porque los efectos secundarios de la adolescencia reaparecen a los treinta y cinco y la ironía es que ésto no es algo que desconozcamos, pero tenemos que vivir con estos poderosos cambios dentro del psique-soma, con el poder de las pulsiones etc. La ironía se encuentra en el hecho de que somos tanto partícipes ineluctables como observadores."

Faimberg confirma lo expuesto por Bollas con una conceptualización de la importancia del narcisismo a partir de las señales que emite el cuerpo. Tomando como punto de partida una viñeta clínica, sostiene que: "cuando los mensajes del cuerpo son procesados psíquicamente, 'His Majesty the Baby' (Freud, 1914c) vuelve a activarse. Si las exigencias del yo ideal lo eternizan en un joven resplandeciente para seguir siendo aceptado por un ideal del yo exigente, el paciente no podrá tolerar cambios que hieran su frágil narcisismo." Enfatiza el impacto de la apreciación de su cuerpo en la vida psíquica del paciente: "la herida narcisista de confrontar su ilusión de una eterna juventud ... y la experiencia de un cuerpo que envejece".

Coincidiendo en la importancia de la capacidad de hacer un duelo, Gabbard afirma que la mediana edad es una oportunidad para elaborar las ansiedades depresivas, comenzando con una necesidad de procesar los cambios, porque "uno ya no puede utilizar las defensas maníacas juveniles de grandiosidad y omnipotencia, uno tiene que decirse: yo moriré, aquellos que amo morirán, puedo herir a las personas que amo, y consecuentemente uno debe hallar ese profundo sentido de imperfección".

En esta sucesión de pensamientos, el tema del duelo ante la limitación de la propia existencia cobra importancia y, en esta línea, Kancyper, pone el énfasis en el límite en la fertilidad, concibiéndolo también como una especie de finitud simbólica. Sostiene que: "Todo lo que el sujeto anhelaba llegar a ser y obtener en la infancia y adolescencia necesita del despliegue de la potencia y realización en esta etapa comandada por la edad evolutiva del cambio del cuerpo que tiene un límite de fertilidad; sería como la edad en la que se plantea una revisión cuestionadora de las posibilidades y límites de la potencia física, deportiva, intelectual y social."

Este concepto parecería opuesto a lo que sostiene Rosenfeld cuando afirma que: "Las prohibiciones familiares introyectadas son más ponderosas que la biología y las hormonas", para poner de relieve su postulado que relativiza el poder del cuerpo para generar las reacciones a las que aludimos.

Hanly define "la mediana edad como una cierta clase de angustia narcisista, una amenaza a la pérdida de la autoestima que llega como consecuencia de una total comprensión de que la naturaleza no nos ha querido tanto como nosotros nos queremos a nosotros mismos. Descubrimos y nos enfrentamos a éso que siempre estuvo allí para que lo reconociéramos, pero a lo que sólo le habíamos echado un vistazo: nuestra finitud temporal." Hanly sostiene, siguiendo a Freud, que predomina la "angustia ontológica, que no es una angustia neurótica, pero supone una presión interna para cualquier persona que tenga problemas en el sector narcisista de su vida para mantener un sentido estabilizador de su autoestima".

Continuando esta línea de la angustia narcisista, de Masi sostiene que "las personas que tienen una estructura fundamentalmente narcisista, que les ha permitido tener cierto éxito en la vida, personas inteligentes, con capacidad de trabajo, belleza, se confrontan con este punto porque no tienen la capacidad de elaborar la gran frustración: la situación del límite de la existencia."

Por su parte Gabbard, centra su pensamiento en la muerte como tal, e inserta un cuestionamiento que merece ser tenido en cuenta. Gabbard dice que: "Es así que ciertamente vivir con el conocimiento de la propia muerte es una herida narcisista que tiene que ser elaborada a través del proceso analítico, y, francamente, yo pienso que desde hace muchos años los analistas han desatendido la muerte como algo muy importante para comprender la angustia de muerte, al utilizar una especie de reduccionismo psicoanalítico, transformándola en algo diferente, algo como una angustia de castración o de separación, pero la angustia de muerte tiene un status especial aparte de los otros determinantes de la angustia."

Rescatamos un comentario de Eizirik para introducirnos en el tema de los ideales. Eizirik sostiene que: "más que finitud se empieza a ver que el tiempo no será infinito, [...] los ideales empiezan a ser comparados con la realidad de lo que se logró y de lo que no se podrá ya lograr".

Al respecto, Hanly considera que la relación entre el ideal del yo y nuestras expectativas sobre nosotros mismos es un factor poderoso para la regulación de la angustia narcisista. "Tener un robusto ideal del yo requiere varias cosas: que el ideal haya sido confrontado con la realidad en grado suficiente como para quedar limitado a lo que es posible, que haya cesado en su grandiosidad respecto a las condiciones y posibilidades de nuestra vida individual." Por otra parte y con respecto al yo ideal, dice: "El yo ideal se hace cargo cuando fracasa el amor objetal, tal como sucede muchas veces en la mediana edad, y aparece una regresión narcisista hacia una auto-imagen grandiosa. La imagen de la juventud heroica que esperábamos ver cuando nos mirábamos al espejo a los dieciocho años. Luego, la buscamos con desesperación intentando volver a hallar aquel tiempo y tratando de repetir ese segmento de nuestra vida, algo que la naturaleza prohíbe."

Montero sintetiza estos conceptos de Hanly cuando sostiene que: "entre el ideal del yo y el yo-ideal existe una relación equivalente a la que existe entre un hombre y un héroe: a la mansedumbre humana del ideal del yo que intenta una elaboración se le opondría la tiranía heroica del yo-ideal que demanda confirmar los crónicos anhelos de inmortalidad."

Marucco, por su parte, ofrece su perspectiva desde los conceptos de investidura y desinvestidura, como aquello que nos enfrenta con el vacío y con la muerte. De este modo, sostiene que: "Cuando el espejo devuelve una imagen distinta a la que uno desea encontrar, la proyección no alcanza para vencer al espejo y el espejo vence a la proyección, entonces uno tiene que afrontar un momento de desinvestidura. Si uno puede enfrentarse a ese momento, el tema de la muerte como lo siniestro no aparece, y uno comienza a reorganizar sus intereses, promueve nuevas relaciones objetales que devuelven las investiduras perdidas. El problema ahí es que cuando uno se enfrenta melancólicamente a estas investiduras perdidas, aparece la vivencia de muerte, pero no de muerte literal, sino la sensación de no ser amado. Considero que muerte significa no ser amado. […] Inmortalidad es la palabra que nosotros utilizamos para designar ese momento en el que uno es el único objeto de amor, donde nada necesita compartirse."

Faimberg confirma esta perspectiva conceptual de Marucco, en la que muerte es casi sinónimo de desinvestidura, cuando sostiene que "la angustia de la desaparición es primero vista *desde la perspectiva de los que quedan vivos*. Hay un *alguien* para no encontrar a *alguien*, lo que es tal vez más soportable que el segundo planteamiento: desaparecer *para nadie*."

Con respecto al narcisismo patológico en la mediana edad, Hanly, se refiere a "tener una regresión en la cual, en lugar del amor objetal por los jóvenes, exista una identificación con la gente joven, es decir, las personas de mediana edad comienzan a comportarse como si aún fueran adolescentes en un esfuerzo siniestro de reencarnación por imitación."

Integración en la mediana edad

Desde una perspectiva psicopatológica, estos conceptos se refieren a lo que Colarusso considera "una verdadera crisis de la mediana edad" generándose vivencias de "pánico debido al tremendo temor de que el tiempo fluya vertiginosamente hasta que llegue la muerte". Sería algo que definimos como una anticipación del tiempo futuro que anula el presente, algo que Rangell defiende sosteniendo que: "Pero cuando sucede un cambio inesperado hacia la dirección de la insatisfacción proviniendo de cualquiera de estas tres grandes áreas, una preocupación por el amor, la ruptura en la satisfacción con algún compañero, o la repentina pérdida del éxito laboral, ésto puede iniciar una vivencia emocional que cambie la dirección de la trayectoria de la vida, desde una con satisfacción creciente hasta una de dudas y preocupaciones acerca de si la satisfacción continuará o no. Si uno siente que lo que va a encontrar probablemente no produzca el mismo nivel de confort que el experimentado en la primera mitad de la vida, aparece la angustia y puede comenzar un declive."

Colarusso mismo contrapone esta crisis a otro tipo de proceso: "Quienes se encuentran en medio de una transición conducen esta dolorosa revaloración al nivel del pensamiento. Si deciden abandonar el matrimonio o la carrera, lo hacen con cuidado, tras un examen exhaustivo de las consecuencias." En otras palabras, una mayor aceptación del paso del tiempo, posibilita una revalorización del tiempo presente.

Esta segunda postura que desarrolla Colarusso, es la que asocia a la idea de la sabiduría como forma de integración: "Probablemente la expresión más grande de *insight* y sabiduría que pueda transmitirse es a través de la identificación: cómo los niños, los nietos, y los colegas jóvenes ven cómo hemos vivido la vida, cómo hemos superado los éxitos y los fracasos."

De Masi también desarrolla este concepto con lo que él denomina "una base ilusoria positiva que consiste en que sepamos saber soñar, en que sigamos teniendo esperanza en el futuro", y lo contrapone a un narcisismo patológico por el cual "estas defensas narcisistas pueden colapsar provocando que la persona entre en un estado auténticamente melancólico que será el resultado de su confrontación con el odio que le genera el hecho de saber que lo que la vida no le dé a partir de entonces, ya no se lo dará nunca más."

Rosenfeld también se refiere a estos extremos opuestos: "Prefiero asociar esto a una visión interna, a una percepción interna, a un *insight* del mundo interno. De cualquier manera, no todos los individuos pueden experimentarla, puesto que aquellos que no pueden percibir el registro del paso del tiempo a través de su edad biológica, o de la edad de sus hijos, o de la muerte de algunos miembros de su familia, serán incapaces de tal *insight*. Los filósofos filosofan sobre la mediana edad cuando se aproximan a la muerte." De Masi aclara este punto: "En la crisis de la mitad de la vida podríamos, por ejemplo, acusarnos de no haber vivido una vida completa y significativa y desarrollar una depresión o podríamos pensar, en cambio, que la segunda mitad de la vida puede ser significativa y útil para la reparación de lo que no hayamos realizado."

Este tema de la integración que abordan Colarusso y de Masi es desarrollado por varios autores. Mientras que Bollas plantea que "la mediana edad es un tiempo de unificación, de integración de todos los elementos del carácter" Eizirik por su parte sostiene que hay un balance entre las tres estructuras: "hay quizás un nuevo balance entre las tres estructuras, que el yo estaría más reforzado en ese momento por el ello y por el superyó, es decir, sería una etapa de más fuerza yoica, en el sentido de que el self estaría más estructurado y la persona tendría quizás más autonomía y más capacidad de estar con uno mismo … Es el momento de hacer un balance entre lo que se produjo y lo que todavía se puede producir, entre lo que se perdió y lo que todavía se puede anhelar … La mediana edad es así un conjunto de cambios internos y externos, familiares, profesionales y sociales".

En este sentido Bolognini destaca que si bien es necesario elaborar las pérdidas, "la persona tiene la oportunidad de desarrollarse, de volver a crecer, de descubrir nuevas identificaciones con los padres, con las figuras más importantes de la juventud, de 'especificarse mejor'. Es así que uno promueve más y más su propio self y también introyecta algo de los objetos anteriores."

A partir de un pensamiento netamente clínico, Gabbard, sintetiza lo que realmente implica la integración como un proceso de la mediana edad, cuando dice que: "… afortunadamente, los analistas, podemos mejorar a medida que envejecemos porque habremos atravesado mayores sufrimientos, la fase de la mediana edad, y podremos atender a nuestros pacientes de manera más productiva". Esto resulta equivalente a lo que también sostiene Bollas al considerar que "como psicoanalista, uno acaba de convertirse en un buen analista, hacia la mitad de los cuarenta. Si uno califica para analista lo hace a los treinta y cinco, más o menos, pero hacia la mitad de los cuarenta yo comencé a sentir: 'me siento bien con esto' y miraba los años que vendrían sabiendo que serían mejores, y realmente fue éso lo que sucedió."

Este pensamiento es ampliado por Alizade cuando desarrolla la idea de que el sujeto que logra elaborar la transitoriedad pasa por instantes de lucidez que impactan en su sistema psíquico reordenando las relaciones entre ello, yo y superyó y relativizando los ideales, las exigencias y las tensiones narcisistas. "La experiencia de lo perecedero facilita el trabajo de la relatividad de todas las cosas, lo cual facilita a su vez llevar a cabo duelos con menor viscosidad de la libido al objeto ya que el apego excesivo provoca duelos intensos que obstruyen el juego creativo de la vida. … Aceptar que la vida es pura travesía transitoria, en una suerte de rueda donde desfilan las generaciones a través de los milenios, conlleva la elaboración del apego a nosotros mismos, a los objetos materiales, al dinero, a los seres queridos …"

Siguiendo con la noción de integración Marucco considera que en la mediana edad hay un nuevo proceso de subjetivación y destaca que el punto decisivo en esta etapa es la posibilidad de registrar la repetición y poder transformarla en cambio. Sostiene que el paciente "llega a la consulta y dice: «estoy cansado de repetir siempre lo mismo».".

A manera de síntesis de lo que hace a la conceptualización de este proceso de integración, Montero ofrece una caracterización de la mediana edad en cinco indicadores que se corresponderían con el tránsito por la maduresencia. Estos son: "la tolerancia de la incertidumbre de vivir" (*Mors certa, hora incerta*), "el reconocimiento del odio y la destructividad" (*Homo homini lupus*), "el cambio en la percepción subjetiva del tiempo", "una nueva integración de la historia personal" y "un anclaje de la historia personal en la historia generacional."

Transferencia generacional en la mediana edad

Llegamos así a un tema clave en lo que se refiere a la mediana edad y a la percepción del tiempo que es la trascendencia y la transmisión generacional, tema que la mayoría de los psicoanalistas consultados considera de notable importancia.

Respecto a la transmisión, Bolognini destaca la importancia de la "la actitud generativa en las personas sanas: permitir el espacio, hacer lugar, permitir a las nuevas generaciones hallar su lugar en la vida, y también cederles parte del poder, y ésto es lo que concretamente los padres y los abuelos hacen con sus hijos y nietos." Esto es algo que Faimberg enfatiza, y con su desarrollo del concepto de telescopaje de las generaciones revela la importancia de la transmisión generacional cuando afirma que: "hay 'telescopaje de tres generaciones' se encuentran en *todo* análisis avanzado. Si hemos trabajado analíticamente esta problemática en profundidad es probable que el proceso de dar, una vez más, nueva significación retroactiva a la relación entre generaciones y al reconocimiento de la alteridad se reinicie cuando el paciente llegue a la posición de devenir padre, o madre (o analista con tareas de transmisión)—por ejemplo, y agrega—"¿Qué querían mis padres de mí, qué esperaban de mí, qué es lo que espero de mis hijos, qué es lo que son y desean ellos, qué es lo que vuelvo a entender de mi relación con mis padres a través de mi relación con mis hijos …?"

Montero propone un anclaje de la historia individual en la historia generacional como consecuencia de la nueva integración de la historia personal específica de la madurescencia (mediana edad). Este proceso se daría simultáneamente en dos direcciones. Un vector apunta hacia el pasado y el otro hacia el futuro. El vector que apunta hacia el pasado implica un proceso que promueve una (nueva) adquisición de la historia familiar (generacional), diferente a la que se opera con la identificación primaria; mientras que el vector que apunta hacia el futuro implica la delegación de los «atributos» (símbolos) de la juventud en la nueva generación en un proceso que implica la resolución del conflicto de confrontación generacional en todas sus variantes. Esta transmisión generacional (hacia las generaciones precedentes y hacia las generaciones subsiguientes) es evidencia de la tramitación de la moratoria madurescente.

Bollas, se cuestiona si "la pregunta podría ser: ¿ha entrado esta persona en su mediana edad o no? ¿Cuál es el momento oportuno para entrar en la mediana edad? ¿Cuándo estamos heredando nuestras obligaciones ancestrales, nuestras obligaciones generacionales?" "Y pienso que si hemos cumplido una de las tareas de la mediana edad, (y) yo pienso que ésta es tratar de comprender y de aceptar los límites de nuestro conocimiento, a la vez que apreciar la extraordinaria complejidad de la vida humana, real y verdaderamente."

Esta idea de la complejidad de la vida es también abordada por Alizade cuando propone un narcisismo terciario, explicando que "durante la mediana edad la satisfacción y la fugacidad de la vida se hacen conscientes. La invasión de lo real contiene a la vez el saber vivencial de lo que significa estar vivo así como de su naturaleza perecedera."

Marucco, por su parte, considera que "la mediana edad, es el momento vital más importante para los fenómenos sublimatorios, debido a este mecanismo de reconocimiento y desconocimiento de la realidad; el reconocimiento de aquello que puede lograrse y de aquello que nunca se logrará." "… Entre las oportunidades que ofrece este momento importante de la vida existe la posibilidad de transformar la repetición en cambio. Otra posibilidad que puede suceder, sin que uno necesariamente se dé cuenta, es tapar la repetición y transformarla en un modo de vida repetitivo."

Eizirik sostiene que: "La pulsión de muerte puede empezar a volverse más presente y amenazar al yo o a toda la estructura de la personalidad. El yo, por un lado, puede sentirse más fuerte, pero por el otro, más amenazado por los cambios corporales, por los cambios en los roles externos y por la relación con el ideal del yo. O sea, hay que vivir las pérdidas, y si uno se encuentra más débil, quizás sea más vulnerable a los ataques desde dentro y desde fuera."

Por su parte Alizade, le presta especial atención al concepto de lo positivo en el psicoanálisis, y expresa que "el trauma a advenir de la propia muerte futura, fruto de miedos arcaicos que plantea Montero (2005), pierde fuerza traumática cuando la vida es redimensionada en su relatividad y el psiquismo logra que predomine el placer de vivir y no la preocupación por la no-vida futura."

Dentro del mismo modelo de Alizade de lo positivo en psicoanálisis, Kancyper ofrece un valioso aporte a partir de la clasificación que realiza de las cuatro memorias: "En la memoria del esplendor los recuerdos de la historia vigorizan las tres dimensiones del tiempo. El esplendor de esta memoria se basa en el hecho de que la dimensión del pasado ilumina con su resplandor el presente y, al mismo tiempo, el futuro se reabre con un sentimiento oceánico y mágico a la vez", que forman las otras tres memorias a las que alude.

Un concepto nuclear de Montero sirve como conclusión a esta introducción y como punto de inicio al despliegue de las ideas de los colegas que con tanta dedicación y placer han contribuido a que este libro fuera posible. Montero sostiene que: "El cumplimiento de este proceso psíquico lleva a considerar a la mediana edad como una oportunidad que ofrece el ciclo vital para promover, continuar y profundizar el desarrollo individual en el ámbito de la propia subjetividad, del vínculo con los objetos y del intercambio entre las generaciones."

El concepto de la mediana edad como una oportunidad es el que ha motivado las entrevistas para el audiovisual y para este libro, y el que ha originado la Fundación Travesía (Psicoanálisis para la transición y crisis de la mediana edad) así como el Grupo de Investigación: Metapsicología de la Mediana Edad en la Asociación Psicoanalítica Argentina, que coordinamos juntos. El proyecto es ahora una realidad.

CAPÍTULO UNO

Mediana edad y finitud

Alcira Mariam Alizade (Argentina)

La propuesta de Guillermo Julio Montero de entrevistar a analistas de diversos países pertenecientes a diferentes esquemas referenciales con el objetivo de ahondar en la temática de la mediana edad constituye todo un desafío. Al releer la entrevista y establecer el texto, decidí incluir algunos aportes que había dejado de lado en su momento. Así nació este escrito donde se mezclan la espontaneidad del diálogo y la formalización de algunas ideas.

Freud (1912*f*) afirmó haber hecho un gran descubrimiento al mismo tiempo que señalaba que había dejado áreas sin explorar, tarea que realizarían las generaciones futuras. Los grandes capítulos psicoanalíticos sobre la travesía por la vida, el envejecimiento y la finitud forman parte de estas nuevas exploraciones. El psicoanálisis contemporáneo tiende a examinar estas delicadas cuestiones desde la teoría y, sobre todo, desde su articulación con la técnica y la praxis analítica.

La mediana edad es un concepto complejo. Tiene una acepción ligada a las etapas del desarrollo y divide la vida en mitades mediante una hipotética línea divisoria; ¿Es posible ponerle fecha y número? ¿Treinta y cinco años? ¿Cuarenta? ¿Cuarenta y cinco? ¿Cincuenta? Así entendida, la mediana edad dependería del tiempo de los relojes.

Dividir la existencia en dos mitades cronológicas es una ilusión basada en un promedio de vida engañoso. Erikson (1997) describe nueve etapas en el ciclo vital, sin embargo, no todo ser humano las cursa ordenadamente. Diversas psicopatologías y defensas provocan senderos alternativos con detención en alguna de ellas o con la creación de una etapa a medida. Por otra parte, el ciclo vital no es uniforme: longevidades y vidas breves se alternan sin reglas claras.

Sin embargo, la cronología temporal interactúa con el funcionamiento del inconsciente, y el inconsciente es atemporal. La mediana edad "fuera de tiempo" presenta varios componentes metapsicológicos que, seguramente, serán objeto de futuros desarrollos científicos.

La mediana edad se vive de distintas maneras. Todo el mundo atraviesa en algún momento una experiencia de mediana edad. Un desencadenante hace de detonador, despierta la conciencia adormecida y conmueve el aparato psíquico. Pueden incluso existir formas reactivas de atravesarla mediante mecanismos patológicos: obsesivos, histéricos, fóbicos, etc.

Me pregunto por qué el psicoanálisis no profundizó en el tema de la transitoriedad y sostuvo la represión en lo que respecta a la representación de la muerte. Freud (1923b) insistió en que no existía tal representación, y con su afirmación cerró las puertas a mayores investigaciones sobre el tema. A mi entender, se confunde experiencia con representación, la muerte propia no tiene representación directa, como tantas cosas y situaciones de las cuales no tenemos representación directa por no haberlas experimentado. Sí, en cambio, existen numerosas representaciones indirectas de la muerte. Freud mismo (1913f) se refirió a este tipo de representaciones al escribir: "La mudez se hizo en este sueño representación de la muerte", o más adelante refiriéndose al contenido de los cuentos populares: "El silencio ha de ser entendido como representación de la muerte". Según Freud, palidez, mudez, silencio, flores cortadas son representaciones que remiten a la muerte. Yo mismo he planteado (Alizade, 1995) que "... no hay representaciones de la muerte en sí. Hay representaciones acerca de la muerte" (47).

Por otra parte, la famosa genitalidad basada en una vida sexual intensa y en el éxito material y afectivo era el objetivo que todo paciente debía alcanzar. Mientras tanto, no se trataba el camino de la vida hacia la muerte, tal vez porque con la introducción de esta temática el psicoanálisis se acercaba peligrosamente a un psicoanálisis existencial o espiritual.

Un concepto de primera magnitud es la conciencia que formaba parte de uno de los trabajos de metapsicología que Freud destruyó. Algún colega me ha transmitido su inquietud por el hecho de que quizá dichos trabajos no se hubieran perdido sino que se hubieran dejado "dormir" en los archivos debido a su potencial polémico; ¿Qué querría decir Freud sobre la conciencia? ¿Hemos investido acaso al inconsciente con una carga excesiva y nos hemos olvidado del rol fundamental que ejerce la conciencia? Indudablemente el trabajo de la conciencia no se reduce a hacer consciente lo inconsciente, es más amplio y su alcance todavía no se conoce en su totalidad.

No todos los seres humanos logran llevar a cabo el esfuerzo de transformación de la conciencia. Asimismo, las experiencias de realidad mayor pueden realizarse en mayor o menor grado y no dependen estrictamente de la cantidad de años vividos.

Al andamiaje psicoanalítico freudiano deben añadirse nuevos articuladores teórico-clínicos relacionados con la mediana edad y con las ansiedades de finitud entre las que se encuentran: la alegría, la renovación, la relatividad, lo positivo en psicoanálisis (Alizade, 2010), la transformación narcisista o el desarrollo de la bondad.

La toma de conciencia de la condición humana en la mediana edad puede generar transformaciones psíquicas tanto saludables como patológicas. Las saludables comprenden entre otras: la transformación del narcisismo, el desapego, el trabajo de la conciencia, el incremento de la inteligencia y de los procesos madurativos, la elaboración de la impermanencia y la expansión de la cosmovisión (principio de realidad mayor). Por su parte, las patológicas comprenden el horror a la vejez, el miedo a la muerte, el apego patológico y el temor al abandono.

Las patologías de la mediana edad utilizan defensas tales como la negación o los mecanismos hipomaníacos para rechazar representaciones intolerables de lo efímero. Estas defensas desembocan en patologías de poder, en actos crueles hacia el prójimo, en apegos excesivos a los bienes terrenales y a ciertos seres significativos, en el sometimiento a prácticas estéticas abusivas, en actuaciones contra-fóbicas de riesgo (afición a deportes de alto riesgo), en el empleo de sustancias tóxicas paliativas (alcohol, drogas), etc.

En mi trabajo clínico con pacientes "por morir" (Alizade, 1995) he visto a hombres adultos que se comportaban como niños asustados que negaban categóricamente la enfermedad, así como a gente joven con sabiduría de vida. Los accidentes, las catástrofes, las migraciones, la menopausia, el envejecimiento, las enfermedades, también proporcionan una oportunidad para elaborar la inevitable finitud. Sin embargo, a pesar de que no todo ser humano aprovecha esta oportunidad, estos encuentros con la realidad sacuden la mente. Mortal-inmortal son opuestos que la psique intenta aprehender vivencialmente en una labor que roza lo imposible. Las mentes saludables tienen mayor facilidad para entender y aceptar el maravilloso hecho de vivir, pese a las circunstancias adversas que pudieran devenir.

¿Tiene la mediana edad una especificidad equivalente a la que se le adjudica a la adolescencia? En mi experiencia, la madurez y la aprehensión de la realidad no dependen estrictamente de un tiempo físico. La transformación del narcisismo y de los procesos de duelo y renovación no tienen una edad determinada. La mediana edad cronológica, el inicio del envejecimiento, pueden o no facilitar estos movimientos. Como bien señala Montero (2005), según Elliott Jaques (1965), desde su óptica kleiniana, en la adolescencia se reeditaría la posición esquizoparanoide y en la mediana edad la etapa depresiva. Aún así, existen jóvenes sabios y viejos ignorantes.

Un pequeño trabajo de Freud (1916a [1915]) sobre lo perecedero esboza el tema del duelo y la renovación. Son páginas memorables que merecen ser estudiadas con detenimiento. Cuando todo se ha perdido—nos enseña Freud—guerra o desastre mediante, al duelo le sucede la alegría de la renovación. Sin embargo, Freud añade: "[...] siempre que seamos lo suficientemente jóvenes y que conservemos la vitalidad". ¿A qué tipo de juventud se estaría refiriendo Freud? La idea de renovación se encuentra implícita en este texto, el ciclo de la vida se reproduce una y otra vez.

La experiencia de lo perecedero facilita el trabajo de la relatividad de todas las cosas, lo cual facilita a su vez llevar a cabo duelos con menor viscosidad de la libido al objeto ya que el apego excesivo provoca duelos intensos que obstruyen el juego creativo de la vida.

La nostalgia de los tiempos pasados suele inscribirse como una melancolía menor construida sobre la sucesión de pérdidas que forman parte del diario existir. Aceptar que la vida es pura travesía transitoria, en una suerte de rueda donde desfilan las generaciones a través de los milenios, conlleva la elaboración del apego a nosotros mismos, a los objetos materiales, al dinero, a los seres queridos, al conjunto de los espacios terrenales. En el apego exagerado, la pulsión de auto-conservación se alía a una pulsión de vida que rechaza y niega, mediante diversas defensas, el camino hacia la extinción. Diferenciar pulsión de muerte de pulsión de destrucción es extremadamente útil a la luz de estas consideraciones. La primera, natural y universal, acompaña a cada sujeto en su sendero finito. La de destrucción, en cambio, rompe los vínculos tróficos tanto inter como intra-subjetivos y se alía con frecuencia a la pulsión de dominio y a las patologías destructivas.

Crecer mentalmente de manera inteligente implica no perder de vista la dimensión de la transitoriedad. El trabajo de desapego, constante y sostenido, aligera las etapas vitales. Los mecanismos de defensa, y los hábitos mentales insisten en reinstalarse. Generan pensamientos engañosos, ideales imaginarios, sufrimientos inútiles. El apego objetal protector resurge y debe ser superado una y otra vez, en un constante vaivén entre apego y desapego.

El psicoanálisis debe prestar atención a los efectos nocivos de una excesiva concentración en las negatividades del paciente, con el consiguiente desconocimiento de las partes sanas conservadas. He propuesto el concepto de lo positivo (Alizade, 2010) que alerta sobre posibles efectos clínicos iatrogénicos provocados por una insistencia exagerada en los traumas, sufrimientos y carencias. El trauma a advenir de la propia muerte futura, fruto de miedos arcaicos que plantea Montero (2005), pierde fuerza traumática cuando la vida es redimensionada en su relatividad y el psiquismo logra que predomine el placer de vivir y no la preocupación por la no-vida futura.

La elaboración de la muerte (Alizade, 1995) es un trabajo gradual y difícil que requiere ahondar en intensas convicciones—algunas primitivas—de que la muerte es una desgracia, un horror, un castigo. Algunas religiones incrementan el temor con amenazas y culpas, e intensifican el carácter traumático de este acontecimiento. Todo sujeto puede alcanzar cierto grado de elaboración y aceptación de su muerte aunque sea parcialmente.

El trabajo psíquico con la finitud es rico en consecuencias clínicas. Siendo humanos y perecederos, necesitamos sabernos inmediatamente mortales y, al mismo tiempo, preservar una parte a resguardo de la muerte, sosteniendo la alternancia entre los requerimientos del yo ideal y del ideal del yo. P. Aulagnier (1979) distingue con precisión el derecho que el yo reivindica de mantener una pequeña parte separada de la muerte.

En la medida en que la consciencia domine al sistema narcisista inconsciente que clama por la inmortalidad del yo (Freud, 1914c), morir no será tragedia. Este dominio requiere la transformación del narcisismo en un tipo de narcisismo que yo mismo denominé narcisismo terciario (Alizade, 1995), pero que también podría denominarse "más allá del narcisismo". Dicho narcisismo supera la interacción libido del yo-libido de objeto, el círculo narcisista se abre gradualmente y el sujeto deposita su narcisismo fuera de sí mismo, su interés libidinal se expande, dona su narcisismo a la exogamia, a los otros, a los seres que jamás conocerá pero que son fuente de interés (objetos lejanos). En este proceso pueden surgir sentimientos y actos solidarios, de traspaso generacional. El yo conoce un nuevo esplendor construido gracias a la desposesión de sí y a la integración con el destino común de la humanidad. Kohut (1971) investigó este tema y es una de las fuentes de consulta en mi trabajo. Al desarrollar su idea de transformación narcisista, Kohut destacó el surgimiento de la aceptación de la finitud, del humor y de la sabiduría como resultado de este movimiento psíquico. También subrayó que era un proceso arduo y "que el logro de la sabiduría es un hecho que no debemos esperar de nuestros pacientes, ni en realidad, necesariamente de nosotros mismos. Puesto que su consecución total incluye aceptar emocionalmente la transitoriedad de la existencia individual, debemos admitir que probablemente sólo pueden alcanzarla unos pocos y que su integración estable bien puede superar el alcance de la capacidad psicológica del hombre" (Kohut, 1971, p. 293).

Añado a estas palabras mi convencimiento de que, a pesar de la dificultad, el psicoanalista ha de acercar sus pacientes, con arte y paciencia, sorteando síntomas y conflictos, al trabajo de la mediana edad, de la finitud o de la realidad del mundo. De manera ideal, el analista ayudaría al paciente a obtener cierto grado de sabiduría.

Si bien la transformación del narcisismo es más frecuentemente apreciada en la juventud tardía o en la madurez, tampoco excluye a la gente joven. Recuerdo a un paciente de treinta años que murió de sida. El detonante de la enfermedad aceleró su evolución madurativa de manera llamativa. El paciente no perdió la serenidad ante la muerte, tomó sus decisiones testamentarias, incrementó la transformación narcisista y realizó una bella muerte regida por la benéfica unión de la pulsión de muerte y la pulsión de vida.

Hay muchas maneras de morir. Ariès (1975) ha tipificado las muertes por épocas y ha indicado la importancia de las costumbres sociales en la internalización del superyó grupal. La aceptación de la muerte por parte del caballero medieval, para quien morir era un acto trascendente y solemne en el cual participaban los niños junto a los adultos en una suerte de ceremonia de despedida, se diferencia abismalmente de la muerte contemporánea en Occidente, denominada "prohibida" por Ariès, en la cual se evita pronunciar hasta su nombre.

El tabú de la muerte quizá haya contribuido a que el psicoanálisis no la haya considerado en todo su valor clínico. En los programas de estudio de los analistas en formación suele incluirse la observación de lactantes, pero no así la observación de personas moribundas.

El trabajo psíquico desencadenado por la llamada mediana edad acerca al sujeto humano al borde de lo irrepresentable e impensable. La sorpresa psíquica producida por la vivencia certera de un día no estar más sobre la tierra provoca la emergencia de significantes de transformación (Anzieu, 1987) como si fuera un guante al que se le da la vuelta o un apoyo que cede. Se pueden registrar mareos y sentimientos de confusión momentáneos al tener lugar movimientos psíquicos regresivos. La construcción de este conocimiento, de forma repetida y vivencial, participa de la compleja elaboración de la condición humana.

El análisis de las ansiedades de finitud, aporta una cuota de sabiduría. Y, aunque suene paradójico, incrementa la sensación de calma y el sentimiento de alegría. El sujeto, al elaborar su propia transitoriedad atraviesa instantes de lucidez conmovedora, esta lucidez impacta en su sistema psíquico, y transforma positivamente las relaciones entre las diversas instancias. Los ideales y proyectos se relativizan y la vivencia de transitoriedad universal aligera la mente. Se atenúan las expectativas y exigencias que muchas veces sostienen fantasías inconscientes de inmortalidad. Ceden las tensiones narcisistas de fama y reconocimiento que suelen albergar la angustia de ser mortal. De este modo, la liviandad psíquica permite un mayor disfrute de cada instante de vida.

El miedo a lo desconocido es muy diferente a la experiencia vivencial de morir. La Dra. Gauvain-Picard del Instituto de Oncología Gustave Roussy de París les repetía a los pacientes temerosos que una cosa es la muerte y otra cosa es el momento real de morir. Con esta distinción marcaba la distancia operativa entre las representaciones imaginarias y el hecho en sí.

La "experiencia de entrar en sí", es, a mi entender, un proceso mental gracias al cual tiene lugar una aceptación saludable de nuestro destino. Esta experiencia es la resultante de un movimiento de autoconocimiento y de genuino interés por el sí mismo, independiente de nuestros logros y fracasos. Esta introspección que valora al ser en sí, desemboca en la construcción de un eje interior o núcleo de piedra, concepto que yo misma he desarrollado en 1992; a medida que se construye este eje, el ser ejercita movimientos de auto-reflexión que equilibran la mente. De este modo, el núcleo de piedra es una matriz que procura descanso mental.

La finitud no es un saber forzosamente trágico sino que Occidente lo ha entristecido. Morir, en sí mismo como culminación no es triste, en todo caso es misterioso, como lo es nuestro nacimiento. En vez de afligirnos, el saber sobre la finitud debería ser utilizado como pretexto en la ruta del conocimiento acerca de la universalidad de los sistemas de vida.

La idea socrática de "morir con alegría" no es fácil de entender. Según las distintas traducciones del texto de Platón (Fedon), puede entenderse como "alegría" o como "solemne serenidad". Si una persona, de una u otra forma, elabora a lo largo de sus días el complejo de la finitud, sentirá menos temor y más aceptación cuando llegue su momento de morir. Sus reflexiones a lo largo de su vida le habrán preparado, a nivel simbólico e imaginario, a transitar de manera valiente ese increíble real llamado muerte.

He de concluir aquí, no sin antes decir que tengo la intuición de que los psicoanalistas nos estamos acercando a una nueva "roca viva" del conocimiento cuyo estudio y aplicación en la clínica enriquecerá y promoverá cambios en nuestra disciplina.

Bibliografía

Alizalde, M. *La sensualidad femenina*. Amorrortu, Buenos Aires, 1992.

Alizalde, M. *Clínica con la muerte*. Amorrortu, Buenos Aires, 1995.

Alizalde, M. *Psychoanalysis and Positivity*. Karnac, London, 2010.

Anzieu, D. *Envolturas psíquicas*. Amorrortu, Buenos Aires, 1987.

Aries, P. *El hombre ante la muerte*. Taurus, Madrid, 1999.

Aulagnierr, P. El concepto consciente de una parte separada de la muerte. En *Los destinos del placer*. Petrel, Barcelona, 1979.

Erikson, E. *El ciclo vital completado*. Paidós, Buenos Aires, 1985.

Freud, S. (1912f). *Contribuciones para un debate sobre el onanismo*. AE: 12.

Freud, S. (1913f). *El motivo de la elección del cofre*. AE: 12.

Freud, S. (1914c). *Introducción del narcisismo*. AE: 14.

Freud, S. (1916*a* [1915]). *La transitoriedad*. AE: 14.

Freud, S. (1923*b*). *El yo y el ello*. AE: 19.

Jaques, E. *La muerte y la crisis de la mitad de la vida*. Revista de Psicoanálisis, Buenos Aires, 1966.

Kohut, H. *Análisis del self*. Amorrortu, Buenos Aires, 1977.

Montero, G. J. *La travesía por la mitad de la vida: exégesis psicoanalítica*. Homo Sapiens, Rosario, 2005.

CAPÍTULO DOS

Entrevista con *Christopher Bollas* (Inglaterra)

GJM: La manera en que se muestra en sus novelas es sorprendente.

CB: Sí, por supuesto, la ficción es un dispositivo muy útil. Uno puede pensar cosas en la ficción que no puede cuando se encuentra fuera de ella. Mis novelas se han escrito solas, en realidad. Es lo que se dice de la ficción: se escribe sola.

GJM: Por supuesto. Usted tiene la actitud de transmitir una vivencia emocional. Por ejemplo, me encantaron sus personajes Goran Will y Celina (no recuerdo su apellido en este momento), y casi lloré con el final del túnel de Celina. Me resultó sorprendente la posibilidad metafórica de explicar el final del túnel quizás como algo parecido a la mediana edad, algo muy, muy interesante también. ¿Planteó la situación de esta manera?

CB: No, pero es una idea interesante, muy interesante.

GJM: ¿Qué prefiere que haga, que le vaya leyendo las preguntas o ... ?

CB: Claro, lo que le parezca mejor.

GJM: Sí, lo hacemos así en principio y luego quizás la conversación nos lleve a un lugar diferente.

CB: Sí.

GJM: Sección Uno: Definición: ¿Piensa que existe y que es importante hablar de algo que podemos denominar mediana edad?

CB: La verdad es que pienso que es una pregunta realmente compleja. En principio, no me gustaría enfocarlo desde una perspectiva psicoanalítica, sino desde una cultural. Creo que es muy importante comprender cuándo la mediana edad se convierte en un tema de discusión en el mundo occidental, porque es algo que surge a mediados de los sesenta; todos conocemos el trabajo de Elliott Jaques, y existe mucha literatura sobre el tema en Norteamérica, Europa, y supongo que en América Latina también. Pero luego en los noventa, la pregunta sobre la mediana edad no volvió a ser formulada jamás. Es por esto por lo que deberíamos preguntarnos por qué razón algo tan significativo desapareció. También podríamos preguntarnos por qué esta pregunta vuelve a surgir ahora, porque usted me está preguntando por este mismo tema ahora en el siglo XXI y esto es muy interesante.

Si volvemos a mediados de los sesenta, por supuesto debemos de tener en cuenta que nos encontrábamos en la mitad de un siglo, y se podría decir que fue una pregunta formulada desde la propia mediana edad del siglo XX. Yo también lo recuerdo muy bien a pesar de que ahora me dé un poco de vergüenza, pero yo era estudiante en la Universidad de California en Berkeley, y formé parte del movimiento estudiantil y esas cosas, donde nuestro *mantra* era "nunca confíes en alguien mayor de treinta años de edad". Este era nuestro *mantra*, es decir, necesitábamos crear una crisis para los de treinta y cinco o cuarenta años de edad, y creíamos verdaderamente que eran irrelevantes, de repente, para mi generación. Pienso que es algo muy interesante como pregunta cultural y podríamos pensar que es algo parcialmente específico de la conocida como cultura occidental.

Yo no poseo el conocimiento necesario para poder saber si en la India, en China, o en las sociedades africanas, estarían de acuerdo con el hecho de que existe algo llamado mediana edad. Si esto es parte de un fenómeno, lo que debemos tener en cuenta es que si es algo que nos ha preocupado, entonces tiene posibilidades de ser comprendido psicoanalíticamente; por el contrario, también podríamos decir que no, que el psicoanálisis no tiene nada que decir acerca de esto, o que tal vez podría decir algo sobre el tema. A mi me gustaría comenzar por aquí, partir desde este punto.

Erik Erikson investigó el ciclo vital, del mismo modo que otras personas han planteado una manera de comprender la vida en etapas, en realidad, podríamos decir que Anna Freud, Erikson, y otros dentro del psicoanálisis del desarrollo propusieron una vida en etapas. Pero ésto es una observación obvia que cualquiera puede hacer sin ser psicoanalista. Claramente, desde esta perspectiva de las etapas existe la mediana edad a cierto nivel cronológico, pero si nos movemos hacia algo menos obvio de lo que estos autores plantearon, aunque siempre manteniéndonos dentro del esquema psicoanalítico, debemos preguntarnos qué sería lo específico acerca de la mediana edad desde una perspectiva psicoanalítica, y aquí volveríamos inevitablemente a la pregunta implícita en el narcisismo. Existen cuestiones que son promovidas por el cuerpo, se trata de un ensayo irónico de la experiencia adolescente porque en ésta el cuerpo propone cuestiones que podríamos llamar narcisísticamente desafiantes, pero hasta la juventud no nos sentimos infelices con ellas porque estamos creciendo, estamos en medio del orgullo del adolescente, de la grandiosidad y del poder de la adolescencia. La mediana edad, por supuesto, es un tipo de *après-coup* irónico porque los efectos secundarios de la adolescencia reaparecen a los treinta y cinco y la ironía es que ésto no es algo que desconozcamos, pero tenemos que vivir con estos poderosos cambios dentro del psique-soma, con el poder de las pulsiones etc. La ironía se encuentra en el hecho de que somos tanto partícipes ineluctables como observadores.

Yo creo, por supuesto, que si volvemos a Freud, podemos decir: está bien, veamos *La interpretación de los sueños* como la obra de un hombre de mediana edad, y si *La interpretación de los sueños* es representativa de Freud en la mediana edad, después del *Proyecto*, ¿qué podemos aprender de esto? Para mí la mejor parte del libro tiene que ver con la pregunta que formula claramente: ¿Quién soy?, ¿qué es lo que mis sueños dicen acerca de mi inconsciente? ¿Quién soy? [Releyendo la entrevista original, considero que esta respuesta no es sólo incompleta sino incorrecta en muchos sentidos. La pregunta "¿quién soy?" se formula a lo largo de todo el ciclo vital, a pesar de que cambia tanto la forma de la pregunta como la posición inconsciente de quien la escucha. La mediana edad añade otra pregunta a la pregunta recurrente acerca de la identidad con "¿dónde estoy?", pero dentro de una vivencia que incluye todo el ciclo vital, de la propia generación en la historia y de ser realmente un integrante de la raza humana.] De acuerdo, yo creo que ésta es la pregunta más importante que uno se formula en la mediana edad: ¿Quién soy? Si la pregunta durante la adolescencia es: ¿en qué me estoy convirtiendo?, la pregunta del joven adulto de los veintiséis o veintisiete años es: ¿de dónde vengo?, ¿cuál fue mi familia, mi padre, mi madre?, entonces pienso que la pregunta a los treinta y pico o cuarenta y pico es: ¿quién soy yo?; del mismo modo que creo que la pregunta a los sesenta y pico es: ¿de qué se trató todo esto?, ¿de qué se trató la vida?, es un tema muy importante, muy importante ...

GJM: La vida en sí misma ...

CB: Sí, la vida en sí misma. Es así que yo estoy muy interesado en las diferentes preguntas que se formulan en las diferentes etapas de la vida. Yo creo que si observamos cómo las diferentes personas manejan su mediana edad, por supuesto, no hemos de excluir el cuerpo, el narcisismo del cuerpo que es muy importante. Creo que la mayoría de las mujeres desarrollan nuevas defensas sexuales durante la mediana edad, algo que no podemos pasar por alto, algo que es muy serio, que pienso que tiene que ver con lo que el ideal del yo se planteó, con lo que fue el self ideal, y con el hecho de si el self ideal anterior a la mediana edad fue construido fundamentalmente alrededor de un narcisismo corporal grandioso, un narcisismo grandioso de cualquier clase, ya que entonces la mediana edad se convierte verdaderamente en una crisis con estos procesos ...

GJM: En un naufragio ...

CB: Absolutamente. Nosotros comprendemos lo que significamos por el self ideal, por el ideal del yo del niño o del adolescente, pero en el momento en que las personas llegan a sus treinta y cuarenta años, ellos también tienen un ideal del yo que está mucho más próximo, en mi opinión, al self real; en ese caso el individuo llega a su mediana edad de una manera *suficientemente buena*, por utilizar una frase winnicottiana. Pero si el individuo no pudo hacerlo, si el ideal del yo o el self ideal es grandioso, entonces sufrirá esta crisis. Por lo tanto, creo que existe una gran variedad de modos en los que las personas atraviesan esta etapa.

Quisiera volver al aspecto cultural, a la pregunta, ya que estoy formulando ésto sólo como una pregunta, puesto que no sé cuál es la respuesta. Me parece interesante resaltar que las grandes preocupaciones filosóficas del mundo occidental terminan al finalizar los sesenta. Me parece que el último gran movimiento filosófico fue el movimiento existencialista: Sartre, las reinterpretaciones de Heidegger, y otros. En mi opinión, el estructuralismo, el postmodernismo y los demás, son movimientos filosóficos débiles. Es así que, como mínimo, podríamos decir basándonos en los trabajos de Camus o Sartre, que son ellos quienes formulan la pregunta clave acerca del sentido de la vida: ¿Qué es lo que significa estar vivo? A pesar de que antes del movimiento existencialista había habido otras tradiciones filosóficas y teológicas importantes desde el comienzo de nuestra era, nosotros sin darnos cuenta hemos perdido el derecho a preguntarnos sobre el sentido de la vida, y en esta separación, inclusive en el psicoanálisis, acerca de la cuestión de la infancia, la cuestión de la adolescencia, de la mediana edad, etcétera, hemos evitado sin darnos cuenta hacernos las preguntas formuladas por la filosofía: ¿Qué significa ser? Usted conoce la pregunta de Heidegger: ¿por qué existe el ser más que la nada? Es por esto que me siento perplejo ante el ocaso de las grandes preguntas de nuestra civilización.

GJM: ¿Y podría ser que cuando uno regresa a los clásicos, tal como está explicándome, sea ésta una manera específica en la mediana edad de adquirir una cierta clase de inmortalidad simbólica, volver atrás y sentir: ahora es *mi* momento para los clásicos? Estoy seguro de que en los sesenta usted rechazó los clásicos tal como lo hice yo en los setenta, más o menos, ¿Podría ser así? Si fuera así podríamos pensar en el progreso de una actividad generacional ...

CB: Sí. Creo que ha dado con un punto muy importante porque el énfasis que se destaca en la mediana edad es acerca de lo que se ha perdido, y no tanto en lo que significan la responsabilidad o el afecto en la mediana edad, porque el individuo sabe que está ahora en una transición generacional, o que es parte de la generación parental, porque existe una herencia de las contribuciones generacionales transferidas a nuestra cultura, y son éstas las tareas de la mediana edad. Existe esta responsabilidad que uno asume o no, y usted apunta a que nuestros cursos incluyan receptiva y transmisoramente a la filosofía o a las ideologías del pasado de muchas generaciones.

Lo que a mí me interesaría es saber si las generaciones posteriores a los sesenta están leyendo y transmitiendo la historia de la cultura occidental o no. Yo no estoy seguro de que este acto de transmisión esté teniendo lugar, de que estemos en este momento considerando las grandes preguntas, ni de que nos estemos esforzando por lograr contestarlas ni por hacer nuestras contribuciones propias. No estoy seguro.

Y esto podría tener que ver con la así llamada política de la identidad, porque el psicoanálisis al focalizarse en las etapas está también complicándose en su propia política de identidad: la política del niño, la del adolescente, la de la mediana edad, la de la adultez mayor; en lugar de ver ésto más en términos de una herencia que hemos recibido todos nosotros de un pasado, como nuestra interpretación del mismo y su transmisión a las generaciones más jóvenes.

GJM: Sí. Pienso que ha señalado un punto muy importante porque nosotros podemos pensar en una generación como totalidad o podemos pensar que pueden existir dentro de cada generación diferentes sub-generaciones, ¿me comprende? Según usted, ¿es posible considerar varias sub-generaciones dentro de la más importante? De esta manera quizás pudiera existir un grupo de hombres capaces de transferir a la juventud el poder de su propio conocimiento, y estarán los que deseen asesinarlos porque los están desafiándo con su propia inmortalidad. ¿Está de acuerdo?

CB: Sí. Yo realmente creo que existe una especie de conciencia generacional (Bollas, 1992). Yo argumentaría que desde un punto de vista psíquico cada generación duraría unos diez años, debido a las tan profundas diferencias culturales que surgen con cada década …

GJM: Las identificaciones …

CB: Absolutamente. Totalmente correcto, estoy de acuerdo. Es un asunto psíquico. El modo en el que un grupo cultural de jóvenes de veinte años interpreta su propia sociedad y el hecho de que dentro de diez años habrá una nueva interpretación, y diez años después otra nueva interpretación. Esto es muy cierto. Yo supongo que me baso en la pregunta acerca del sentido, porque las generaciones recientes han interpretado el valor de su mediana edad en términos de cuánto han adquirido, es decir, las adquisiciones valiosas en términos materiales, las propiedades. Y muchos entonces ven llegar los treinta y cinco años de edad como el momento de la jubilación, como el momento para jubilarse siendo ya rico. Pero, por supuesto, este es un pequeño segmento dentro de nuestra sociedad occidental, diría yo que menos del uno por ciento. Sin embargo, es muy interesante que este pequeño porcentaje de personas con este tipo de ambiciones no se hayan formulado grandes preguntas, ésto ya es un síntoma.

¿Qué demuestra este síntoma? ¿Qué significa esto? ¿Cómo es posible que las personas del mundo financiero puedan llegar a considerar jubilarse a los treinta y cinco años? ¿Qué significa esto? Es muy sorprendente.

Yo veo las etapas de la vida como nuestros movimientos en lo real. El carácter existe y se usa en lo real. ¿Cuánto sabemos acerca de este movimiento en lo real? No demasiado. Esta es una pregunta que debemos traducir en términos del registro imaginario o dentro del registro simbólico. ¿Qué es lo que imaginamos que es ésto? ¿Cómo hablamos acerca de ésto? Yo pienso que si nuestro carácter está utilizando objetos, en el sentido winnicottiano del término, estando consecuentemente cumpliendo con la pulsión de destino (Bollas, 1989), tema sobre el que yo he escrito bastante, entonces, pienso que la mediana edad es un tiempo de unificación, de integración de todos los elementos del carácter. [Aunque ésto suena demasiado críptico, esa integración es una ilusión más que una realidad psíquica. Pero la función de la ilusión es crucial para el pasaje por la mediana edad.] Existe una vivencia, un tipo de confianza en nuestros movimientos, en nuestro destino. Si, por diferentes razones, no fuera éste el caso, entonces uno tendrá grandes problemas en ese período de tiempo. En ese caso, podemos hallar a quienes llegando a sus cincuenta años y más allá de éstos, viven una transición *suficientemente buena* en la mediana edad, y a muchos otros que no pueden vivir lo mismo.

GJM: La vida como objeto.

CB: Sí.

GJM: La vida como objeto. La utilización de la vida. La utilización y destrucción de la vida por su propietario. Como un estado que nos permite reconocer cuando la mediana edad transcurre exitosamente. ¿Puede entenderse de esta manera?

CB: Sí, pienso igual que usted. Podría tratarse de algo que podría ser sentido internamente. Podría ser una forma de conocimiento, pero sin que el individuo pueda, incluso durante su psicoanálisis, articular completamente qué fue lo que el self comprendió. Esto podría ser algo más manifiesto en lo real, en el sentido de poder hallar pruebas de la utilización de la vida como objeto, y en cualquiera que sea la profesión que la persona tenga esta utilización se podrá expresar creativamente. Podrán existir evoluciones obvias a cierto nivel creativo sin que importe la profesión, y eso *es* el self en *lo real.* No se trata de una imagen ni de algo de lo que pueda hablarse. Y yo pienso que la mediana edad es el período donde ésto es visible; podemos ver personas que están conduciéndose o moviéndose y personas que no lo están …

GJM: Sí, estoy absolutamente de acuerdo con usted porque ha comenzado nuestra entrevista hablando del cuerpo. Es eso lo que yo creo también, y estoy tratando de saber si he podido comprender adecuadamente lo que me ha dicho, si, por ejemplo, cuando el personaje de su novela *I Have Heard the Mermaids Sing* [*Yo escuché cantar a las sirenas*], en el capítulo "In the Maze" ["En el laberinto"], está mirándose a un espejo y luego se dirige hacia el laberinto, yo creo y así lo he plasmado en mis libros, que la mediana edad tiene algo que recuerda a la adolescencia porque los adolescentes se desafían frente al espejo para comprender la actividad "explosiva" de sus cuerpos, de la misma manera que las personas de mediana edad, se desafían con la propia actividad "implosiva" de sus cuerpos frente al espejo. ¿Cree que ésto es posible? ¿Cree que existe una semejanza entre estas etapas diferentes, dentro de las diferentes etapas de la vida?

CB: Sí, estoy de acuerdo. Mi hijo está haciendo su tesis doctoral en psicología en un programa psicoanalítico y su tesis se llama "Mirándose al espejo". Está comparando el estadio del espejo en Lacan y Winnicott. Me está enseñando muchas cosas sobre su trabajo y sobre lo que está descubriendo. Yo considero que podemos mirar al niño que Lacan propone en el estadio del espejo, alienado porque la diferencia entre la imagen y el self contrasta con la vivencia del cuerpo roto en pedazos. Para Lacan éste es un período de alienación que es inevitable, que no puede curarse. La adolescencia puede verse como un retorno de esto, porque el adolescente se mira al espejo, su cuerpo está "explotando" y el adolescente reconoce la diferencia entre la imagen en el espejo y lo que le está sucediendo dentro de sí. Y su punto es que en la mediana edad volvemos a mirarnos en el espejo y reconocemos que esa imagen que vemos no es la que solíamos ver cuando nos mirábamos en el espejo antes.

En la mediana edad esta discrepancia entre la imagen y lo real es ahora un acertijo conocido. Si todo se desarrolla *suficientemente bien*, la discrepancia entre las dos, entre la imagen y el interior, no es tan narcisísticamente calificada, se podría decir. Creo que en este momento de nuestras vidas las amistades se convierten en algo mucho más importante que antes porque ahora estamos compartiendo un dilema profundo con nuestro amigo.

GJM: Un amigo que es una especie de espejo para nosotros ...

CB: Absolutamente. Sí, sí.

GJM: Pensamos sobre y hablamos de la adolescencia, de la mediana edad, y nos ha comentado varias de sus ideas desde su perspectiva psicoanalítica, pero podría decirnos cuáles son las principales ideas de Sigmund Freud que podrían resultar útiles para nuestra comprensión de la mediana edad, las que se le ocurran en este momento, tal como hemos establecido en nuestras preguntas. ¿Cuáles son las ideas freudianas más importantes y útiles para nuestro propósito?

CB: Yo pienso realmente que en muchos casos se trata de la manera en que el hombre ha vivido su propia vida. Pienso que Freud cuando transfiere el *Proyecto* a la *Interpretación de los sueños*, cuando se dirige desde el intento de crear una ciencia del self exacta y blindada hacia una participación en el sueño de su autoanálisis, nos avisa de que si vamos a inquietarnos por la pregunta acerca de quiénes somos, tenemos que volver a nuestros sueños, a nuestra vida onírica, a lo que ésto nos propone, y a nuestra experiencia emocional que propone el acto del autoanálisis. Por mi parte, creo que su manera de escribir en el libro de los sueños ejemplifica ésto de varias maneras. Primero, muestra una responsabilidad importante en términos de reconocimiento al referirse a las generaciones de escritores que lo antecedieron. Nos muestra en su mediana edad el respeto por todos los que le antecedieron en el tema, llegando a un extremo exhaustivo, y luego él realiza su transición hacia su propio pensamiento, hacia sus propios sueños. No es simplemente paso uno, dos o tres, porque sus propios sueños no sólo dan cuenta de lo real en el libro, sino que están integrados en el mismo, están integrados a sí mismo. [Aquí entro en desacuerdo conmigo mismo. La integración no es posible como tal sino la ilusión de ésta y esta ilusión genera una vivencia de integración importante, algo esencial para atravesar la vida humana.] Entonces, la complejidad inevitable del sueño, el hecho de que ningún sueño pueda llegar a ser completamente interpretado, de que cada sueño sea una condensación y una sobredeterminación, ésta es la teoría del inconsciente de Freud que yo prefiero, porque él tiene varias teorías del inconsciente.

GJM: El título de su primera novela me hizo recordar el ombligo del sueño.

CB: Sí.

GJM: La parte más profunda, la más íntima representación que resulta imposible interpretar.

CB: Sí. Y ese es un punto muy importante, creo, porque una de las tareas de la mediana edad, creo que implica comprender y aceptar los límites de nuestro conocimiento a la vez que apreciar la extraordinaria complejidad de la vida humana, real y verdaderamente. Es notable cuán pregnante es el inconsciente del que Freud habla en su mediana edad. Y a pesar de que el capítulo siete de *La interpretación de los sueños* es brillante es como si hubiera retornado a su intento de ser científico, habiendo sido remarcablemente abierto, mentalmente, apasionado, ¡*psicoanalítico!* Freud nunca más volvió a capturar esa voz, la que habló desde dentro del psicoanálisis en *La interpretación de los sueños*. Pero fue un momento maravilloso de su vida, y para todos nosotros, por supuesto. El trabajo ejemplifica el psicoanálisis. Uno puede ver un hombre envuelto por sus propios sueños y creando una teoría de los sueños, y ésto es muy inspirador. Cada uno de sus sueños permanecen resonantes y desconcertantes, del mismo modo en este momento como seguramente lo fueron entonces para él. Yo creo que ésta fue una contribución extraordinaria por su parte.

GJM: Usted dice que él se atrevió hasta el capítulo siete, y que luego quizás estableció una ciencia y entonces …

CB: Estoy de acuerdo. Sí.

GJM: Nunca lo había pensado así, pero suena impresionante.

CB: Yo pienso que él se encontraba en un estado de *reverie* hasta ese momento. Piense en términos de continente y contenido. Servía como continente para su propio sueño vital, para su propia receptividad a ésta, para su propia inspiración. Era obvio que tenía una comprensión rápida y perceptiva de esto, pero no era algo consciente, la escritura de ese libro no era un acto consciente. Él comprendió el psicoanálisis a través de ese libro.[1] Yo he sostenido que el psicoanálisis no había sido conceptualizado aún, en sentido bioniano, pero desde entonces quedó conceptualizado. La conceptualización estaba perdida, estaba siempre en un estado de ser realizada, y creo que, después cuando llega al capítulo siete había perdido el concepto del psicoanálisis, porque a pesar de que está allí, Freud está yendo más allá de sí mismo.

GJM: Por supuesto. Usted sabe que dentro de mi manera de entender la mediana edad, estoy tratando de hallar una verdadera metapsicología de la mediana edad, y entonces pienso, partiendo de Freud, que existe un párrafo importantísimo en *Introducción del narcisismo*, el último párrafo del capítulo segundo donde Freud sostiene que el punto más impactante del sistema narcisista es la inmortalidad del yo desafiada por la realidad. Yo resalto este párrafo cuando usted sostiene las cuestiones acerca de los límites, de los límites no sólo de nuestra propia vida, sino de la complejidad de la vida, y acerca de la imposibilidad de conocer, me lo recuerda. ¿Le parece útil este párrafo para hallar una manera de concebir una metapsicología de la mediana edad?

CB: Yo creo que sí. Considero que existen momentos precursores, no recuerdo ahora en qué libro lo escribí, pero pienso que existe una imposibilidad para que el niño pueda contener su vida mental; que la mente es muy compleja para un niño.[2] Entonces los niños hallan maneras para vivir la vida mental a través de las amistades íntimas, del juego, y creo que la búsqueda de las amistades, de las vocaciones y el casamiento, son intrínsecamente regresivas más que progresivas, porque la vida mental es demasiado complicada para tolerar algo así. Cada niño encuentra una manera de simplificar el desafío que implica la vida mental. La cultura soporta esta simplificación, porque como en todas las sociedades hemos hallado la manera de vivir con un objeto significativo—la mente humana—que excede nuestra capacidad de comprensión. En la mediana edad creo que si hemos logrado entender los límites de la consciencia para la comprensión de nuestra vida inconsciente, si hemos asimilado que no podemos comprender la vida mental, entonces, nuestra ambición de reconocer algo remarcable a nivel mental irá disminuyendo progresivamente.

Indudablemente, Freud—*El Conquistador*—estaba dispuesto a conquistar el mundo de la mente en su afán por garantizar la inmortalidad del yo y de alguna manera accedió a una especie de inmortalidad a través de sus escritos, aún así, no estoy seguro, y quisiera ser irónico en este punto, acerca de qué es lo que Freud nos enseña a propósito de la mediana edad, aunque estoy seguro de que algo nos enseña. Freud era un genio, los genios son extremadamente raros, el resto de nosotros nos quedamos dentro de nuestros propios *lockers*, de manera que vemos lo que fueron sus ambiciones y, consecuentemente, nos preguntamos por qué, desde su narcisismo, enfatizó tal o cuál punto en particular, por qué lo resaltó.

Personalmente, diría que cuando yo estaba en mi mediana edad— entre mis treinta y cinco y mis cuarenta y cinco años—estaba demasiado ocupado trabajando como lo hacen la mayoría de los psicoanalistas en Europa, doce horas al día, cinco días a la semana, para mantener a mi familia. Pienso que ser psicoanalista implica una mediana edad muy diferente, porque, en mi opinión, en ese momento uno acaba de convertirse en un buen analista, hacia la mitad de los cuarenta. Si uno califica para analista lo hace a los treinta y cinco, más o menos, pero hacia la mitad de los cuarenta yo comencé a sentir: "me siento bien con esto" y miraba los años que vendrían sabiendo que serían mejores, y realmente fue eso lo que sucedió, por esto pienso que si bien existe una mediana edad biológica, también existen diferentes mediana edades para cada uno dependiendo de lo que hagamos.

Por ejemplo, si usted juega en Boca Juniors y llega a los treinta y dos está acabado. Es un anciano. ¿Cuál es la mediana edad de Maradona? ¿Cuándo fue la mediana edad de Maradona? Probablemente cuando él tenía veintidós, y luego fue un viejo a los veintiocho y a los treinta tuvo problemas. Es algo así como si nos preguntáramos qué es la mediana edad dejando de lado la cuestión cronológica. D. H. Lawrence murió a los cuarenta y cuatro años de edad y todas sus novelas fueron importantes, y si nos preguntarnos cuál fue la mediana edad de D. H. Lawrence ¿Cuándo sucedió? Probablemente, en verdad, cuando estaba en Australia a punto de cumplir los treinta, y cuando escribía *Mujeres enamoradas*, o en el momento en el que escribió *La serpiente emplumada* en México, hacia el final de sus días, cuando estaba muriéndose …

GJM: ¿Y qué sucedería si pensáramos que la mediana edad no es algo cronológico sino que es una cuestión metapsicológica?

CB: En realidad es así.

GJM: Mi esposa y yo estamos meditando y escribiendo acerca de esto, basándonos en alguna de sus ideas, siguiendo esta línea: algunas veces habla de un concepto muy importante que es el objeto transformacional, y pensamos que durante el ciclo vital existen dos momentos muy importantes que denominamos *momentos transformacionales*, la adolescencia con la "explosión" del cuerpo y la mediana edad con la "implosión" del cuerpo, como hemos comentado con anterioridad. Es así que retomamos su idea sosteniendo que existen *momentos transformacionales* y uno muy especial que no tiene una parte "pre-paga" en cada psique humana, pero que depende de las series complementarias, del tipo de vida que cada uno haya vivido. Entonces quizás la mediana edad de Maradona podría haber sucedido a sus veinte años, la de D. H. Lawrence a los doce, y la suya y la mía quizás a los cincuenta, no lo sabemos, ¿me comprende?

CB: Por supuesto y estoy de acuerdo con usted. Entonces la pregunta debería ser: ¿Ha entrado esta persona en su mediana edad? ¿Cuándo es el momento oportuno para entrar en la mediana edad? ¿Cuándo estamos heredando nuestras obligaciones ancestrales, nuestras obligaciones generacionales? Yo diría que, tomando un jugador de fútbol que repentinamente gana muchísimo dinero y puede cuidar de su familia de origen,—porque muchos jugadores de fútbol provienen de familias de clases trabajadoras, se hacen ricos de repente pudiendo dejar sus barrios humildes, y entonces asumen su responsabilidad de cuidar a sus padres, hermanos y hermanas—, en estos casos es como si su mediana edad les llegara muy pronto.

GJM: Sí. Entonces creo que existe una corriente personal que nos hace reconocer la actividad creciente del envejecimiento de nuestro cuerpo, algo que quizás en un jugador de fútbol comience a los veinticinco, no lo sabemos. Y esto hace que nuestro psiquismo reaccione de manera especial, que es el modo en que nosotros creemos que sucede durante la mediana edad y que determina su especificidad. Estas limitaciones parciales con el telón de fondo de nuestra propia muerte futura como amenaza es lo que me llevó a pensar en este *momento transformacional*. Pero también pensé en una oportunidad de transformar el *hado* en *destino*. ¿Estaría de acuerdo con esto?

CB: Sí.

GJM: Porque ¿cómo puede alguien transformar el *hado* en *destino* sin el psicoanálisis? La única posibilidad que yo encuentro para promover esta transformación se encuentra en la mediana edad, metapsicológicamente hablando, especialmente cuando el individuo se encuentra en shock debido a un movimiento inconsciente sorpresivo que le permite una nueva oportunidad para desarrollarse de la manera que usted nos está enseñando.

CB: Estoy de acuerdo. Creo que una de las características más significativas del psicoanálisis es poder transformar a una persona a través del objeto transformacional, es decir, transformar a alguien que haya vivido de manera fatídica. Yo creo que los desórdenes de carácter tienen que ver con lo fatídico, a pesar de que escribimos sobre desórdenes de carácter y no lo hacemos sobre los "órdenes del carácter". Un "orden del carácter" es mucho más complejo que un desorden del carácter. Es así que considero que el *hado* puede ser transformado por el psicoanálisis. Es también muy interesante observar a ciertos directores de orquesta sinfónica. Yo diría que algunos de ellos no son directores brillantes ni grandiosos, sino simplemente interesantes, pero entonces se aproximan al trabajo de un compositor particular, digamos Mahler, y en el curso de su estudio e interpretación de los trabajos de Mahler, algo les sucede y cambian como directores, y se convierten en directores grandiosos. Esto es muy interesante cuando se observa el *proceso transformacional* del objeto Mahler. Si tienes que someterte al objeto Mahler y recibirlo en tu inconsciente, entonces es posible para alguno de estos directores ser transformados por Mahler de manera que puedan cambiar su manera de dirigir, algo sorprendente como músicos.

GJM: Tal como sucede con el psicoanálisis.

CB: De manera totalmente inconsciente, pero igual que en el psicoanálisis, sí. Y, por supuesto, me siento profundamente influido por la definición de Freud del inconsciente, en la que describe el psicoanálisis como una instancia de cambio enteramente inconsciente, incluso en 1923 cuando en su artículo para la enciclopedia, describe la recepción del analista como la atención flotante, cuando él mismo sostiene que el analista capta el fluir del inconsciente del paciente con su propio inconsciente. Esta no es una teoría de la transformación consciente del paciente sino de la recepción inconsciente, del cambio inconsciente del paciente. Es así que incluso en análisis va a resultarnos difícil especificar, y es por esto que me siento bastante afligido por este movimiento basado en la evidencia en el psicoanálisis, por su intento de programatizarlas, por así decirlo, porque la especificación de lo que es psíquicamente eficaz del psicoanálisis es muy difícil, cuál podría ser la norma transformativa, algo que pareciera ser completamente inconsciente.

GJM: Anteriormente ha mencionado y podríamos utilizarlo para poner un punto final a nuestra entrevista, que el reconocimiento de nuestros límites—incluso como psicoanalistas y teóricos es algo que aporta a nuestro conocimiento real, y recuerdo que cuando le escribí por primera vez acerca de la posibilidad de mantener esta entrevista, me comentó que le habría gustado referirse a la sabiduría y a la vejez. Y encuentro en sus palabras una especie de sabiduría, cuando sostiene que si reconocemos nuestros límites quizás seamos más humanos y más afectos a las transformaciones reales. ¿Le gustaría decir algo acerca de la vejez?

CB: Creo que esto es algo acerca de lo que voy a escribir en los próximos años—creo que existe algo cuando nos encontramos hacia el final de nuestra vida, algo acerca de la pérdida de amigos que mueren; año tras año muere alguien que conozco, o más de uno. Existe algo que tiene que ver con la verdadera uniformidad del cuerpo humano. Hablamos acerca del impacto de la mediana edad pero en la adultez tardía existen cambios del cuerpo que amenazan a la vida misma. Es así que la muerte está cerca, muy cerca; por supuesto que esto siempre lo hemos sabido, pero en nuestro intento, digamos, de prepararnos para la muerte a través de la lectura o de la discusión de la filosofía, yo te podría decir que no hay nada que nos prepare realmente para el encuentro con lo real en sus manifestaciones. Como diría Lacan, la presentación (*embodiment*) de lo real es la muerte misma. Entonces, creo que existe algo que me lleva a sentirme muy afín a las personas de mi edad, algo que me hace sentir muy feliz de ver personas de mi edad, mucho más que cuando me encontraba en mi mediana edad. Creo verdaderamente que existe algo heroico en ser humano, llamémoslo el esfuerzo de ser humanos, hay algo heroico en torno a esto. Porque yo creo que las personas que admiro son aquellas que han aceptado su mortalidad y esto es algo que se percibe, que se puede sentir, y no hay nada enfermizo en esto, ni siquiera un estado maníaco de desmentida, etcétera. Es muy conmovedor, y existe una temporalidad diferente en la vejez porque hasta los sesenta y cinco años más o menos, podemos pensar en la edad de los treinta o los treinta y cinco, o incluso los cuarenta, y los podemos ver como una especie de marcadores informándonos acerca de la cronología de la vida, pero yo creo que cuando llegas a los sesenta la cronología ya no significa nada. Yo no creo que los sesenta y cinco, los setenta o los setenta y cinco signifiquen algo, porque el tiempo que se mueve hacia delante ya no lo hace de la misma manera ni tiene el mismo sentido celebratorio. Existe entonces una especie de "eternidad" (*timelessness*) del tiempo, una temporalidad tardía a la que llegamos en la vejez. Considero que tenemos entonces dimensiones intrigantes en común con la vida inconsciente en sí misma. Creo que nos acercamos mucho a la vida onírica en la vejez, como nunca lo habíamos hecho antes; y que nuestros sueños tienen mucha mayor resonancia y sabiduría, y los escuchamos más, les prestamos más atención. Esta es la intensidad de la vejez y queremos seguir estando vivos.

GJM: Yo le agradezco mucho esta entrevista.

CB: Un placer.

Notas

1. Puede encontrar una discusión acerca de cómo el descubrimiento del psicoanálisis de Freud es la realización de una preconcepción filogenética—que lleva a la conceptualización de lo que llamamos "psicoanálisis"—en *The Freudian Moment* (Bollas, 2007).
2. Véase: *¿Por qué Edipo?* dentro de *Ser un personaje* (1992), reimpreso ahora en *The Christopher Bollas Reader* (Bollas, 2011).
3. Próxima edición en español: *El momento freudiano*, Karnac Books, 2014.

Bibliografía

Bollas, C. (1989). *Fuerzas de destino*. Amorrortu, Buenos Aires, 1993.

Bollas, C. (1992). Generational Consciousness and Why Oedipus? en *Ser un personaje*. Paidós, Buenos Aires, 1994.

Bollas, C. (2007). *The Freudian Moment*. Karnac, London, 2007.[3]

Bollas, C. (2011). Why Oedipus? En *The Christopher Bollas Reader*. Routledge, London, 2011.

CAPÍTULO TRES

Entrevista con *Stefano Bolognini* (Italia)

GJM: ¿Prefiere que le presente o presentarse solo, decirnos quién es y cuáles son sus intereses principales, por ejemplo?

SB: De acuerdo, soy Stefano Bolognini. Soy psiquiatra y psicoanalista. Vivo en Italia, en Bolonia, y soy, en este momento, Presidente de la Sociedad Italiana de Psicoanálisis. Mi actividad es principalmente clínica, y trabajo como psicoanalista en la práctica privada y como supervisor del sistema nacional de salud para la psiquiatría y la psiquiatría adolescente.

GJM: Muy bien. Tiene las preguntas que le hemos enviado. ¿Preferiría que le lea las preguntas que hemos preparado?

SB: Sí, lo prefiero.

GJM: Tenemos cinco preguntas para una entrevista acerca de la mediana edad. Sección Uno: Definición: ¿Piensa, Stefano, que existe y que es importante hablar de algo que podemos denominar mediana edad?

SB: Sí, yo verdaderamente estoy de acuerdo con este concepto. La mediana edad es en mi mente una realidad. No coincide totalmente con la juventud ni con la adultez tardía verdadera, y creo que la mediana edad es un período muy específico de la vida humana donde se presentan muchas oportunidades.

27

GJM: Muy bien. ¿Cómo podría definir la mediana edad?

SB: Como no he preparado ninguna respuesta para esta entrevista, me permitiré ir desarrollando creativamente mis conceptos. La mediana edad podría ser concebida como ese período de la vida en el que uno aún es joven, lo suficientemente joven como para desear y para mirar al futuro. Al mismo tiempo es la edad de la percepción del paso del tiempo, de haber puesto ya en tu vida algunas investiduras y establecimientos básicos—donde la función parental es, a mi manera de ver, el compromiso principal de una persona en su vida personal y familiar—y donde institucional y científicamente tenemos las mejores oportunidades para pensar, crear y enseñar, para compartir con nuestros colegas muchas experiencias. Todas estas características hacen que esta edad sea para mí, como consecuencia, absolutamente interesante y rica.

GJM: ¿Es esta una especie de definición?

SB: Sí.

GJM: ¿Cree en una especificidad de la mediana edad equivalente a la que podemos adjudicarle a la adolescencia en el psicoanálisis, y, de ser así, considera la mediana edad como una etapa del desarrollo?

SB: Sí, podría considerarla así porque existe una especificidad en este período, y esta especificidad viene dada por una conciencia creciente de nuestro lugar en la comunidad, de nuestro lugar en la vida, de nuestra vida también, y también del reconocimiento que la comunidad otorga al hombre o a la mujer que ha desarrollado algo bueno en su vida. Es así que es una época extraña, muy rica, en la que los logros son reconocidos cuando existe una razón para ello, pero en la que, al mismo tiempo, se percibe el límite mucho más nítidamente que antes. Es así que nosotros sabemos que cada acto, cada palabra dicha a lo largo de nuestra vida es muy importante. Se entiende que el tiempo no es ya algo ilimitado.

GJM: La pregunta también apunta hacia lo que el psicoanálisis ha desarrollado porque desde hace unos treinta o cuarenta años a esta parte, el psicoanálisis de la adolescencia ha atravesado una verdadera profundización en su comprensión real de la metapsicología, y nosotros no creemos que se haya desarrollado una verdadera comprensión metapsicológica equivalente para la mediana edad. En este caso ¿piensa que es apropiado poder hallar un cauce que nos capacite para poder desarrollar una metapsicología propia y específica de la mediana edad?

SB: Encuentro su propuesta extremadamente interesante, estimulante, porque es cierto que, en nuestra época, no tenemos herramientas psicoanalíticas, a nivel metapsicológico, para una mejor comprensión de esta edad. Creo, por ejemplo, que una señal que evidencia la falta de este tipo de conceptualización e investigación la otorga la existencia de muy pocos libros y trabajos escritos acerca de la función de la abuelidad. Existe muy poca bibliografía acerca de la abuelidad en la literatura psicoanalítica, y nosotros sabemos lo importantes que son los abuelos para los niños y también lo importantes que son los niños para los abuelos, y existen en la base de su relación muchas identificaciones elementales. Si no me falla la memoria, el único autor que lo ha descrito, aunque no soy un experto en este tema, ha sido quizás Erikson, cuando habla de las específicas …

GJM: Polaridades.

SB: Exacto. No recuerdo otras contribuciones al respecto.

GJM: En ese trabajo Erikson trata de explicarnos su idea de que el desarrollo es algo que sucede a lo largo de todo el ciclo vital.

SB: Sí.

GJM: ¿Está de acuerdo con esto?

SB: Sí, siempre y cuando tengamos en cuenta una clase de desarrollo personal, no patológico.

GJM: Porque existe otra instancia en el psicoanálisis que nos dice que cuando has alcanzado un cierto grado de madurez no continúas promoviendo tu desarrollo. Pero en este tema yo también estoy de acuerdo con usted, porque considero que cuando se detiene nuestro desarrollo en cierta manera uno comienza a vivir una especie de muerte psíquica.

SB: Exactamente, eso es lo que creo. Tenemos muchos ejemplos grotescos de esta detención a cierta edad. Cuando pienso por ejemplo en The Rolling Stones, que son tan mayores como cualquier abuelo pero que no parecen abuelos, (están probablemente mucho más allá de los límites de la mediana edad, en mi criterio), debido no sólo a su manera de vestir o por su trabajo, sino, como sabemos, por su estilo de vida mental. Ellos "resisten" heroicamente en su adolescencia, en una adolescencia heroica. Creo que el cambio a lo largo de la vida es natural y adquirir nuevas posturas mentales o emocionales, o nuevas figuras es una parte normal del desarrollo humano. La mediana edad es un punto de inflexión.

GJM: Por supuesto. Ahora, cambiando un poquito nuestro punto de vista y acercándonos a la mediana edad desde la perspectiva de los trabajos de Sigmund Freud, cuáles son a su manera de ver, los conceptos específicos que podrían resultar útiles para una comprensión de la mediana edad. Más aún, ¿cómo podría explicar la mediana edad partiendo de Sigmund Freud y atravesando sus conceptos y teorías?

SB: Sí, esta es una reflexión estimulante. He leído por anticipado estas preguntas porque son muy estimulantes, pero en una clase de libre asociación tengo que admitir que el primer trabajo de Freud que viene a mi mente es *El porvenir de una ilusión*. Este es el primer trabajo que viene a mi mente porque enfrentarse a la fantasía de muerte es un aspecto inevitable que tenemos que afrontar en nuestra vida. Si un hombre pudiera mantenerse completamente ignorante de esto, probablemente estaría implementando defensas inmensas.

GJM: Sí, reactivas, quizás en parte equivalentes a las defensas que ha mencionado respecto a The Rolling Stones.

SB: Sí.

GJM: ¿Cree que pueden ser defensas contra la angustia de muerte?

SB: Probablemente, pero no sólo eso, sino que quizás exista otro tipo de dificultades frente a los cambios. Por ejemplo, si consideramos que, tal como sucede muy a menudo, envejecer significa haber tenido hijos—concreta o simbólicamente—y quizás incluso nietos, esto también significa que uno no es el centro del universo. De manera que la organización narcisista previa se siente frustrada y requiere ser modificada, puesto que el límite es reconocido. Entonces, el reconocimiento de la existencia de otros objetos significativos en la vida, en nuestra vida, es una especie de desafío para el narcisismo.

GJM: Por supuesto. Nosotros comenzamos nuestra teorización con Alicia desde la última oración del segundo capítulo de *Introducción del narcisismo* de Sigmund Freud, donde establece que el punto más impactante del sistema narcisista es la inmortalidad del yo asediada, presionada por la realidad.

SB: Exactamente. Cuán difíciles de pensar son tanto la castración como la muerte. Estoy por completo de acuerdo con ese punto.

GJM: Porque creemos que al inicio de la mediana edad esto se encuentra en su nivel más alto de expresión y quisiéramos conocer su idea al respecto, qué opina sobre el hecho de que el reconocimiento del envejecimiento del propio cuerpo nos lleve a una especie de reacción; una reacción puede ser aquella a la que se ha referido con anterioridad, cuando comenzó esta entrevista, pero estos son los mejores procesos, los mejores resultados, porque sabemos que esos procesos no son tan comunes.

SB: Exactamente. Lamentablemente son muy escasos porque mucha gente tiene que esforzarse a lo largo de su mediana edad—y después en su adultez tardía—con muchos dolores, tristezas, problemas, y sólo pueden disfrutar muy poco de este otro lado de la vida del que estamos hablando.

GJM: Y no sólo por los dolores físicos, sino también por la psicopatología. Por ejemplo la psicopatología narcisista, los pacientes que presentan esta patología se encuentran en una posición muy difícil para afrontar las ansiedades específicas de la mediana edad. ¿Estaría de acuerdo en este punto?

SB: Sí, la psicopatología. A pesar de que sabemos que algunos trastornos límite de la personalidad pueden mejorar sus mecanismos de compensación a lo largo de la mediana edad, también sabemos que algunos otros sufren descompensaciones.

GJM: Pero en general los pacientes con psicopatología narcisista se encuentran en una posición demasiado difícil para hacer frente a las ansiedades específicas de la mediana edad. ¿Lo cree así?

SB: Sí.

GJM: Por ejemplo, el proceso de envejecimiento del cuerpo supone un enorme reto para la autoestima, que se encuentra en su más alto grado de vulnerabilidad dentro de la psicopatología narcisista.

SB: Sí, sí, estoy totalmente de acuerdo con esto.

GJM: Cambiando un poco de tema, ¿cuál es en su opinión el paisaje más importante durante la mediana edad?

SB: Yo diría que el paisaje psíquico más importante en la mediana edad viene caracterizado por un reconocimiento muy importante de los objetos, de las relaciones, y por un reconocimiento doloroso de las pérdidas. Durante la mediana edad es mucho más fácil, mucho más frecuente tener pérdidas y sufrirlas; al menos la pérdida de los padres es lo que usualmente sucede en la mediana edad, pero también amigos o, incluso, parientes pueden morir en esa etapa de la vida. De manera que el hombre o la mujer tienen que atravesar pérdidas reales o potenciales que me hacen recordar una poesía de Giaccomo Leopardi, uno de los poetas italianos más reconocidos: "No soy más quien fui, una parte de mi ser murió". En mi opinión, esta es una de las especificidades, pero al mismo tiempo la persona tiene la oportunidad de desarrollarse, de volver a crecer, de descubrir nuevas identificaciones con los padres, con las figuras más importantes de la juventud, de "especificarse mejor". Es así que uno promueve más y más su propio self y también introyecta algo de los objetos anteriores. Recuerdo que cuando comencé mi análisis personal, mi analista era alguien muy mayor, para ser exactos, era tan mayor como lo soy yo ahora, y siento una extraña necesidad de reevaluar mi auto-representación. Es como si me dijera a mí mismo que el tiempo se me escapa de las manos. Pero, al mismo tiempo, siento la satisfacción de tener relaciones que funcionan, conocimientos o algunos desarrollos personales por nombrar algunas cosas.

GJM: Elliott Jaques dijo en los sesenta que la mediana edad es algo muy extraño porque uno se siente en el nivel más alto del ciclo vital pero al mismo tiempo, siguiendo la cita de Leopardi, se diría que la vivencia es que debe reconocerse el final, o que uno tiene que tener en cuenta ese futuro eventual.

SB: Exactamente. Un punto de inflexión, como dije antes.

GJM: Un punto de inflexión, ¡qué buena expresión! Más aún: volviendo a nuestra idea acerca de una equivalencia entre la adolescencia y la mediana edad: usted sabe que los adolescentes se observan frente al espejo para descubrir cómo sus cuerpos están "explotando", y que durante la mediana edad la persona vuelve al espejo como para ver cómo su cuerpo está "implotando". ¿Estaría de acuerdo con esto?

SB: Sí, estoy "dolorosamente" de acuerdo con eso. Y lo único que me alivia es poder compartir con usted y con otros este reconocimiento de una cierta soledad, y el hecho de saber que esta experiencia es algo compartido por todos nosotros.

GJM: Dado que existen tan pocos trabajos psicoanalíticos sobre la mediana edad, muy pocos, de hecho, me pregunto si podría ser debido a que como analistas nosotros también nos encontramos inmersos en las angustias de la mediana edad.

SB: Creo que tiene razón.

GJM: ¿Podría ser esa la razón por la que hemos evitado la elaboración científica de estos temas?

SB: Seguro, porque nuestra contratransferencia y nuestra transferencia están profundamente influenciadas por las indeseables comparaciones con nuestros pacientes. Por ejemplo, ¿qué podemos decir de la envidia del analista hacia el paciente?; es algo que tendríamos que explorar y tener en mente constantemente porque puede influir nuestras reacciones, nuestras interpretaciones, el modo en el que experimentamos al paciente. Yo considero que un ejercicio excelente de entrenamiento podría ser recordar constantemente, o al menos frecuentemente, quiénes éramos cuando éramos adolescentes, y recordarlo ahora inmersos en la mediana edad es esencial. Si no lo hacemos nos convertiremos en caracteres muy limitados y probablemente caracteres reactivos que no perciben o empatizan con la posición real que tienen en paralelo con la que ha logrado el paciente.

GJM: Sí, porque estamos cotejando nuestro ideal del yo en la mediana edad con el que hemos desarrollado durante nuestra adolescencia ...

SB: Sí.

GJM: Pero volviendo a sus ideas acerca de una clase de experiencia compartida con nuestros pacientes, quisiéramos preguntarle algo que hemos podido leer en varios de sus trabajos con Alicia, ¿piensa que podría existir un cierto tipo de experiencia compartida acerca de una especificidad de la mediana edad cuando tanto paciente como analista están atravesando la misma etapa de la vida?

SB: Totalmente de acuerdo. Pienso que es otra oportunidad para el paciente y también para el analista: sabemos que los dos tienen algo que ganar, que alcanzar, que lograr a través de ese reconocimiento compartido.

GJM: Algún tipo de empatía.

SB: Sí, exactamente. Es así que si podemos compartir algo de manera razonable sin perder nuestra posición como analistas, pero compartiendo por completo la condición, la actitud interna durante las sesiones quizás se pueda llegar a menores abstracciones teóricas, a promover mucho más el contacto y a un intercambio muy importante.

GJM: Sabemos que ha ahondado mucho en las instancias intrapsíquicas e interpsíquicas y me gustaría plantearle una pregunta personal desde mi propio esquema teórico. Yo pienso que, tal y como lo ha dicho en la primera parte de nuestra entrevista, la mediana edad es verdaderamente una oportunidad y que el ciclo vital nos permite promover nuestro desarrollo intrapsíquicamente principalmente, pero también interpsíquicamente o interpersonalmente, y también intergeneracionalmente. ¿Estaría de acuerdo con esto? Al continuar nuestro proceso de desarrollo, nosotros sentimos que cambiamos por dentro tal como usted ha señalado, cambiamos también en nuestra relación con los demás, pero también cambiamos hacia nuestras generaciones precedentes y hacia las que nos sucederán. Es por esto que es muy común hacia los cuarenta o cincuenta años volver atrás para descubrir nuestro árbol genealógico familiar y hallar nuestros ancestros y situar nuestra vida dentro de la gran historia de las generaciones que nos precedieron; y, es una necesidad para la mediana edad, entregar, permitir a los jóvenes ocupar su lugar como jóvenes, convirtiéndonos en mentores al entregarles esa juventud. ¿Estaría de acuerdo con esto, y con el hecho de que esto pudiera ser algo de gran relevancia a lo largo de la mediana edad?

SB: Sí. Absolutamente. Esto es parte de la actitud generativa en las personas sanas: permitir el espacio, hacer lugar, permitir a las nuevas generaciones hallar su lugar en la vida, y también cederles parte del poder, y esto es lo que concretamente los padres y los abuelos hacen con sus hijos y nietos; concretamente, cuando existe la posibilidad, quiero decir, ofrecerles un pequeño apartamento como ayuda, por supuesto, y a pesar de que esto reduce el capital personal de los padres, es una representación concreta …

GJM: Por supuesto, más aún, simbólicamente …

SB: Sí, muchas veces existe una equivalencia entre lo concreto y lo simbólico una vez más, y también en la mente, en los diálogos, en las interacciones: las personas mayores son frecuentemente muy generosas; se sienten complacidos de dejarles paso a los jóvenes. Por supuesto, existen muchas personas que concretamente les dan un piso—cuando puede hacerlo—en lugar de "dar espacio" metafóricamente hablando a los jóvenes en sus mentes, en esos casos el regalo concreto puede llegar a confundirlos.

GJM: Pero, en mi opinión, ya que no sé cuál puede ser su idea, eso puede ocurrir cuando esa persona adulta pudo llegar a acceder a un verdadero desarrollo a lo largo de la mediana edad, de otra manera el resultado sería diferente porque ellos tratarían de recuperar la juventud perdida de una manera patética, de una manera increíblemente patética. ¿Podría ser así?

SB: Sí. Es un problema de desarrollo individual. Hay algo que caracteriza significativamente la capacidad de la mediana edad, que es el "estilo de admisión".

GJM: ¿Qué es eso?

SB: Es un estilo de interacción cuando comienzas a hablar con alguien o a interactuar con alguien. Frecuentemente, las personas adultas mayores desarrollan muy positivamente este potencial de dejar sitio a otro en esta admisión de la interacción. Esto significa que los jóvenes pueden sentirse aceptados, pueden sentir que son interesantes para ellos. Yo creo que hemos estudiado muy poco la función de los abuelos para los chicos y para el crecimiento de los jóvenes, es algo muy poco explorado. No sé si en América Latina es así, pero en Europa la función de la abuelidad es ahora mucho más importante que en el pasado debido al trabajo de las madres, ya que las madres trabajan fuera de casa hoy en día. Durante muchos años los abuelos fueron una especie de alternativa real para los padres, con su "estilo" que suele ser muy delicado.

GJM: ¿Qué es lo que quiere decir con "estilo"?

SB: Por estilo definiría la relación o estilo interaccional, por ejemplo menos intrusivo, menos reactivo, menos demandante, más cuidadoso, básicamente de mayor aceptación. Los abuelos son generalmente menos demandantes a nivel narcisista, brindan otro tipo de apoyo.

GJM: Una última pregunta. Usted ha escrito un libro muy interesante acerca de la empatía en el psicoanálisis: ¿cómo podría vincular la empatía con la mediana edad, si se atreve a vincularla?

SB: Dado que considero la empatía como una actitud muy compleja, que es posible cuando una persona es capaz de articular identificaciones de prueba, aunque "identificación" no es realmente la palabra apropiada porque la identificación implica algo inconsciente, ya que desde mi punto de vista la empatía es algo principalmente preconsciente, o consciente, más que inconsciente. Pero si consideramos la empatía como una condición de complejidad y una articulación en sentir y estar al lado del paciente, cerca del paciente, pero al mismo tiempo sin perder nuestra propia identidad, esta capacidad de estar en contacto y de poner nuestro self en la piel de los demás, sin perder nuestra propia identidad, podría ser una capacidad de la mediana edad, porque durante la mediana edad la persona es muy conciente de sus características, de su historia, de su identidad, mucho más que en las etapas anteriores. Pero puede permitirse ponerse en el lugar de los otros sin perder contacto con su propia identidad, y este puede ser el vínculo entre el concepto de empatía y la mediana edad considerada como una etapa posiblemente privilegiada para ello.

GJM: Bueno, le agradecemos mucho esta entrevista, aunque he olvidado otra pregunta. ¿Podría hacérsela ahora?

SB: Por supuesto.

GJM: Me olvidada del caso Sara, su caso Sara, para ser más específico. Una paciente que le hizo sentirse totalmente incapaz de continuar con su actividad como psicoanalista, de hecho, llega un momento en el que usted dice algo así como que no puede más, que se da por vencido.

SB: Sí, recuerdo el caso.

GJM: Y usted afirma que se sentía dispuesto a abandonar ese tratamiento, al tiempo que sentía una clase de resignación depresiva, y que en ese momento la paciente le dice …

SB: "Me siento mejor".

GJM: Le preguntamos por esta vivencia porque ese sentimiento con su paciente permitió que el tratamiento, increíblemente, continuara. ¿Podemos entender esto como una equivalencia con la angustia propia y específica que cada persona siente en la mediana edad cuando reconoce su límite personal y comienza a sentirse libre para un nuevo desafío del desarrollo, tal como le sucedió con su paciente Sara en el trabajo? ¿Podría ser así?

SB: Yo lo utilicé como ejemplo porque la paciente, tal como leyeron, me sorprendió, porque primero me hizo sentir desesperado y porque después de que hubiera liberado ese contenido personal y ese sufrimiento, se sintió mucho mejor y todo continuó. Tengo que decirle que probablemente conozca la famosa película del director italiano Nanni Moretti: *La habitación del hijo*.

GJM: Ah, sí, pero no la he visto.

SB: Moretti utilizó esta escena para su película, esta escena con esta paciente y esta paciente en particular, y muchos de mis trabajos han sido utilizados por él en sus películas. El título es: *La habitación del hijo* de Nanni Moretti. Es la historia de un psicoanalista. En este caso tengo que ser yo el que le pregunta. ¿Cree usted que a lo largo de la mediana edad podríamos ser mucho más comparables con el paciente o con el analista, o el concepto sería el mismo?

GJM: Simplemente querría puntualizar que el reconocimiento de la limitación permite al paciente y al analista la continuidad, la renovación, recomenzar nuevamente el análisis.

SB: Sí, esa es la idea. Está en lo cierto. Está subrayando cómo el paciente comprendió el límite del analista.

GJM: Y cuando uno como analista inmerso en su mediana edad reconoce su propio límite, está nuevamente aceptando el desafío de renovar su vida, tal y como sucedió con el análisis.

SB: Sí. Esto coincide con el hecho de que en la mediana edad reconocemos mucho mejor nuestros límites y en este momento cada relación objetal, cada experiencia adquiere un nuevo significado, una nueva perspectiva. Esto nos hace cambiar. Estoy de acuerdo con usted.

GJM: Es por esto por lo que encontramos su trabajo sorprendentemente importante, porque cuando usted reconoce y acepta que está perdido, y quizás ella misma reconozca lo mismo en ese momento, en ese mismo momento comienza un nuevo juego, por así decirlo.

SB: Gracias, siento que su observación es muy valiosa. Porque yo no podía, no pude comprender ese factor específico de que la paciente hubiera reconocido el límite del analista. Yo sólo pensé en el proceso de evacuación, pero usted me está aportando algo muy, muy importante.

GJM: Y usted me ha hablado de esa película y de esa escena.

SB: Si puede conseguir el DVD se la recomiendo, es muy interesante para un analista.

GJM: Quisiera agradecerle muchísimo esta entrevista.

SB: Fue un placer compartirla con ustedes.

GJM: Gracias de nuevo.

CAPÍTULO CUATRO

Entrevista con *Calvin Anthony Colarusso* (USA)

GJM: Nos encontramos con Calvin Colarusso, reconocido psicoanalista del Instituto Psicoanalítico de San Diego, y autor de seis libros acerca del desarrollo humano a lo largo de todo el ciclo vital. Colarusso va a contestar cinco preguntas para nuestra entrevista sobre la mediana edad. La entrevista está dividida en cinco secciones y el entrevistado tiene la libertad de contestar como considere oportuno. Mis preguntas son sólo una guía, de manera que usted puede tomar el sendero que prefiera.

CC: Muy bien.

GJM: Sección uno—Definición: ¿Cree que existe algo que podemos llamar mediana edad?

CC: Definitivamente. Considero la mediana edad como una fase específica del desarrollo, del mismo modo que lo son las fases evolutivas precedentes a esta: desde las fases de la evolución de la psicosexualidad de Freud hasta la adolescencia, la adultez, la mediana edad y lo que viene después. Basándome en los trabajos de Erik Erikson, que extendió el concepto a lo largo de todo el ciclo vital con sus ocho edades del hombre, y de Anna Freud, quien, con posterioridad, aportó los conceptos de tareas evolutivas y

39

líneas de desarrollo—un detalle más preciso del contenido de cada fase del desarrollo—y, en los de otros pioneros en el estudio del desarrollo como, por ejemplo, Carl Jung, que se interesó especialmente por la mediana edad, o Arnold van Gennep, que describió las similitudes encontradas en los ritos de pasaje en diferentes culturas, y muchos otros pensadores contemporáneos tales como Daniel Levinson y Goerge Vaillant, describimos junto con el Dr. Robert Nemiroff una conceptualización detallada de la adultez, dividiéndola en las fases evolutivas temprana, media y tardía y definimos las tareas evolutivas de cada una.

Es así que podría definir la mediana edad como la fase que se extiende desde los cuarenta hasta los sesenta y cinco años más o menos, donde tienen lugar cuestiones muy específicas para este momento de la vida.

GJM: ¿Podría explicarnos a qué se refiere cuando habla de estas tareas evolutivas?

CC: De acuerdo, hay muchas, pero me centraré en dos principalmente. La primera es la admisión del proceso de envejecimiento del cuerpo, obviamente, es una tarea universal porque todo el mundo la experimenta, y este proceso se acelera durante la mediana edad. Por supuesto, el envejecimiento del cuerpo se hace evidente en la adultez temprana, pero es cierto que se acelera en la mediana edad. Se dan cambios en la apariencia del cuerpo tales como la aparición de arrugas, la acumulación de grasa abdominal, la aparición de cabellos grises o la pérdida del mismo; y también se aprecian cambios en el funcionamiento del cuerpo, como, por ejemplo, una disminución de la lubricación vaginal y una disminución en el número de erecciones espontáneas. Todo esto enfrenta a las personas con la tarea evolutiva de hacer el duelo por el cuerpo perdido de la juventud y con la aceptación de los cambios en la apariencia física y en el funcionamiento del organismo que están teniendo lugar. Algunas personas toleran esta transformación mientras que otros desarrollan síntomas como depresiones y—las estereotipadas, aunque reales—crisis de la mediana edad. El individuo sano resuelve esta tarea evolutiva cuidando su cuerpo con dietas, ejercicio y revisiones médicas anuales, maximizando así las muy considerables capacidades y placeres que el cuerpo de la mediana edad puede brindar.

La segunda, y probablemente la tarea evolutiva más importante dentro de la mediana edad, puede quedar descrita como el esfuerzo por aceptar la limitación del tiempo y la inevitabilidad de la muerte personal. Este desafío surge en la persona forzado por factores múltiples tales como el proceso de envejecimiento del cuerpo, la muerte de los padres, el crecimiento adulto de los hijos, la experiencia de la abuelidad y la jubilación inminente. La integración de la elaboración de que ya ha pasado la mitad de la vida o más, produce un cambio profundo en los individuos sanos y lleva a un reordenamiento de prioridades y relaciones así como al deseo de vivir plenamente los años restantes. Contrariamente, el fracaso en la integración de esta conciencia puede intensificar cuestiones patológicas o conducir al inicio de una depresión o a una conducta autodestructiva o impulsiva en lo que respecta a la toma de decisiones.

GJM: ¿Puede poner un ejemplo de cómo estas cuestiones del desarrollo están presentes clínicamente?

CC: Sí. Por ejemplo el caso clínico de un paciente con el que estoy trabajando ahora. Es alguien cerca de sus sesenta años que no ha tenido problemas psicopatológicos o síntomas en su vida. Era un hombre de gran éxito que se sentía feliz antes de comenzar a preocuparse seriamente porque había enfermado de algo grave y porque iba a morir. Los diagnósticos no indicaban enfermedad alguna, razón por la que el médico clínico me lo derivó. No había sido alguien demasiado introspectivo y había prestado poca atención al proceso de envejecimiento o a la muerte eventual hasta que su hermano enfermó gravemente y su madre anciana inició un declive importante. El tema de la muerte de dos personas importantes se le personalizó a través de una identificación y le llevó a una preocupación depresiva con su propia muerte. A medida que pudo elaborar y reconocer la limitación del tiempo y la muerte personal, fue capaz de liberarse del síntoma y de hacer el duelo por sus seres queridos. Por supuesto, esta viñeta tan breve no pretende describir la complejidad de nuestro trabajo sobre estos y otros temas.

GJM: Entonces, la identificación con su hermano y con su madre estaba ocultando el problema real, la dificultad de hacer frente a su propia futura muerte personal.

CC: Sí, exactamente.

GJM: ¿Qué es lo que hace que una persona pueda atravesar exitosamente esta tarea evolutiva y que otras personas se sientan impedidos de hacer frente a la idea de la muerte?

CC: Esto no es fácil de determinar. Sin embargo, en mi opinión, lo más importante para intentar dar una respuesta es tomar una verdadera historia del desarrollo que evidencie el curso de la vida de la persona desde el nacimiento hasta el presente cronológico. Aquellos individuos que han podido comprometerse y resolver las tareas evolutivas previas de la infancia, la adolescencia y la adultez joven, son personas que probablemente puedan hacer lo mismo en la mediana edad. Aquellos que se hayan esforzado pero que hayan cumplido con una vida insatisfactoria en mayor medida, aquellos que hayan tenido enfermedades emocionales significativas y psicopatologías, es probable que tengan mayores dificultades para comprometerse con esta tarea evolutiva esencial y significativa de la mediana edad.

GJM: ¿Cuáles son los principales recursos teóricos de Sigmund Freud que toma usted en cuenta en su manera de teorizar sobre la mediana edad?

CC: Freud fue el primer pensador del desarrollo. Sus etapas de la evolución psicosexual oral, anal, edípica, latencia y adolescencia, fundamentan las bases para la teoría psicoanalítica del desarrollo. Lamentablemente, Freud se detuvo en ese punto, y durante muchos años, en realidad, hasta el presente, existen muchos psicoanalistas que no creen que sea útil un esquema evolutivo más allá de la adolescencia. Personalmente, yo considero que el desarrollo dura toda la vida, y me siento satisfecho al descubrir—tal como sucedió en nuestra presentación conjunta en este Congreso esta mañana así como en el interés de tantos analistas en ser parte de este libro—que muchos analistas reconocen que el desarrollo es algo que sucede a lo largo de toda la vida y que el estudio del desarrollo adulto es el complemento natural del estudio de la infancia y la adolescencia.

René Spitz (1965) definió el desarrollo como "la emergencia de formas, funciones y conductas que son el resultado del intercambio entre el organismo, por un lado, y el ambiente interno y externo, por el otro" (5). El concepto de adaptación de Heinz Hartmann (1939/1958), que es descrito "primariamente como la relación recíproca entre el organismo y el ambiente" (24) plantea la misma idea. Otros, como Kurt Eissler, para quien el concepto de desarrollo no se aplicaría a la adultez, sugirieron que a medida que el organismo adulto va convirtiéndose en adulto, es menos dependiente del entorno. Pero existe todavía mucha controversia dentro de la comunidad psicoanalítica al respecto. Tenemos mucho que agradecer a Erik Erikson, por haber sido el primero en describir las ocho edades del hombre, en otras palabras, un diagrama completo del ciclo vital; y desde 1970 hasta el presente ha existido una importante cantidad de psicoanalistas que han escrito acerca del desarrollo durante la segunda mitad de la vida, incluyendo verdaderamente la mediana edad y el desarrollo durante la adultez tardía también. Anna Freud, pensadora del desarrollo por excelencia, tampoco describe una teoría del desarrollo adulto. Contrariamente a quienes sostienen que el desarrollo culmina en la adolescencia, quiero sugerir que todos los individuos quedan comprometidos en un proceso dinámico de desarrollo cada vez que se comprometen con las nuevas tareas evolutivas específicas de cada etapa. Mientras que el crecimiento es la fuerza motriz durante la infancia y la familia de origen es el representante primario del ambiente externo, el declive físico y la familia de procreación proveen roles equivalentes en la adultez que son tan importantes como los de la infancia.

GJM: ¿Cuáles son sus ideas acerca de la transición y crisis en la mediana edad?

CC: Antes que nada, quiero decir que me parece que son ideas muy útiles para comprender la normalidad y la patología en la adultez. Y una vez más, la comprensión de estos fenómenos reales proviene de la comprensión de una teoría del desarrollo adulto. Una crisis de la mediana edad es un abandono repentino e impulsivo de relaciones y carreras que tardaron muchos años en ser construidas, en una defensa maníaca de escapar de ciertos pensamientos y emociones que se han vuelto insoportables. Es tan intensa la necesidad de escapar del presente intolerable que la razón se deja de lado y el consejo de la familia, los amigos—y los terapeutas—de detenerse y pensar antes de seguir tomando decisiones y quemando los puentes, suelen caer en oídos sordos.

A finales de los 70, Daniel Levinson y sus colegas describieron la transición de la mediana edad, como una revaloración profunda aunque muchas veces dolorosa de todos los aspectos de la vida, que consciente o inconscientemente afectan a todo el mundo. Para algunos, la valoración de los éxitos, las desilusiones y los fracasos en el trabajo y las relaciones no son particularmente dolorosos. Para otros, resulta extremadamente difícil cuestionar las ideas nucleares que han tenido sobre la vida y las decisiones que han tomado.

Lo que es importante clínica y teóricamente es la comprensión de que el conflicto evolutivo básico que subyace tanto a la transición como a la crisis es el mismo, la comprensión dolorosa de que el tiempo se está escapando y de que los cambios importantes—si están en proyecto—deben hacerse ahora. Quienes se encuentran en el medio de una transición conducen esta dolorosa revaloración al nivel del pensamiento. Si deciden abandonar el matrimonio o la carrera, lo hacen con cuidado, tras un examen exhaustivo de las consecuencias. Mientras que quienes se encuentran en medio de una verdadera crisis de la mediana edad, actúan abrupta y precipitadamente, como si quisieran evitar pensar en sus elecciones pasadas, en las responsabilidades del presente, estrechando así sus posibilidades de futuro. Al destruir la vida que han construido esperan detener el tiempo, recapturar la juventud perdida y cumplir las ambiciones irrealizables del ideal del yo.

GJM: ¿Cree que la crisis de la mediana edad es una reacción defensiva? Que el individuo no tiene otra manera de expresarse porque no puede transformar el contenido psíquico de su mente debido a su propia historia, a su propio desarrollo, ¿se refiere a esto?

CC: Sí, eso es exactamente lo que quiero decir. La persona que se encuentra inmersa en una verdadera crisis de la mediana edad no tiene elección y no controla sus impulsos o sus actos; como he dicho, el resultado suele ser terrible. El temor subyacente al envejecimiento y a la muerte y el reconocimiento subjetivo de que los sueños y proyectos no han sido cumplidos, es algo inconsciente, y generalmente no puede accederse a ellos a través de la terapia hasta que la vida anterior quede hecha pedazos y no se hayan construido nuevas relaciones y estructuras, no importa lo débiles que sean. Trabajar con estas personas suele ser doloroso cuando llegan a comprender lo que se han hecho a sí mismos y a las personas que aman.

GJM: Permítame preguntarle cómo comprende el proceso cuando quien atraviesa una crisis de la mediana edad lo hace en un estado depresivo en lugar de hacerlo en un estado maníaco.

CC: Cuando eso sucede, me parece que lo que existe es una fusión entre el miedo a que se acabe el tiempo y un superyó severo que castiga a la persona por no haber cumplido con las expectativas del ideal del yo, por no haber realizado los sueños y gratificado los impulsos. El resultado es la depresión. Recuerdo dos casos psicoanalíticos, y, de hecho, los he presentado en diferentes trabajos; ambos fueron hombres que llegaron al análisis en su mediana edad deprimidos y con poca comprensión de la dinámica subyacente. En ambas personas la muerte prematura de sus padres era significativa. A medida que se aproximaban a la edad a la que murieron sus padres comenzaron a convencerse de que ellos también morirían, y se deprimieron. Esta preocupación se unió a los sueños irrealizados y a las insatisfacciones que habían tenido en la vida, lo que también reforzó la depresión. Ambos estaban siendo medicados cuando llegaron a mi consulta y a medida que trabajamos la temática subyacente, la depresión comenzó a ceder, la medicación ya no fue necesaria y los aspectos internos fueron elaborados a través del método psicoanalítico convencional.

GJM: Muy bien. Yo sé que para usted, la mediana edad es una de las partes más importantes de la vida. ¿De qué manera considera que ésta influencia la vida posterior, lo que sucede más allá de la mediana edad? ¿Qué sucede cuando alguien es capaz de afrontar aquello que exigen las tareas evolutivas de la mediana edad y cuando alguien no es capaz de hacerlo?

CC: Primero me gustaría hacer un comentario. Hablamos acerca de la latencia como la edad dorada de la infancia por el equilibrio que existe, particularmente en la latencia tardía entre el cuerpo, la mente y el entorno; bueno, la mediana edad es la edad dorada de la adultez. Para el individuo, este momento está lleno de relaciones personales, de trabajo productivo, con un cuerpo que aún funciona de muchas, muchas maneras y que aporta muchas gratificaciones, con una comprensión de la vida y de las relaciones que no existía hasta ese momento.

       Pero para afrontar la pregunta más directamente, diría que cuando hay una latencia sana, esto hace que la adolescencia sea más sencilla; cuando existe una mediana edad sana, esto deriva en una adultez tardía más sencilla. Por ejemplo, el hombre sano en la adultez tardía ya no está asimilando la idea: "voy a morir", la pregunta se transforma en: "¿cómo será mi muerte?", "¿voy a morir solo?", "¿moriré sufriendo dolor?", y el deseo es el de morir de una manera digna. Este es un ejemplo de cómo la mediana edad prepara al individuo para la tarea evolutiva que tiene lugar en la adultez tardía. Otra cosa es que si se han construido el tipo de relaciones que acabo de describir para la mediana edad, y nuestra vida está llena de relaciones con la esposa, los hijos, los amigos, los colegas, estas relaciones se convertirán en la base para la estabilidad emocional en la adultez tardía junto con todos nuestros recursos internos.

El otro aspecto al que me gustaría referirme con respecto a la adultez tardía es la madurez y la sabiduría. La persona que ha vivido una larga vida plena, que se ha comprometido con la vida en todas sus ramificaciones, que ha tenido éxitos y fracasos, llega a la adultez tardía con la pregunta filosófica de: ¿qué es la vida?, ¿qué significa la vida? La respuesta a esa pregunta es altamente personal y está basada en las experiencias de vida y en la creencia en la existencia o no de una vida después de la muerte.

GJM: Usted dice que la realización personal, cuando la persona puede atravesar las tareas evolutivas específicas de la mediana edad, permite alcanzar la vejez con una vivencia de sabiduría. ¿Cuál es su conceptualización de la sabiduría?

CC: He meditado mucho sobre este tema así que trataré de resumir mis ideas. Primero existe la comprensión de que el cuerpo debe cuidarse y tratarse con respeto, particularmente en la mediana edad y en la adultez tardía. El cuidado del cuerpo no es un fin en sí mismo, pero es de máxima importancia porque la vivencia, la esencia ["sentience"] de la experiencia humana, proviene de un cerebro y de un cuerpo saludables. Después viene la comprensión de que los seres humanos somos individuos que estamos solos con nosotros mismos, separados e individualizados de los demás. La experiencia humana más básica es estar solo. Para la persona mayor madura, estar solo es un placer lleno de una riqueza, de una emoción y de un pensamiento inextinguibles. Paradójicamente, los seres humanos no pueden sobrevivir o desarrollarse por sí mismos. Existimos en un marco de interdependencia a lo largo de toda nuestra vida. El individuo maduro, a diferencia del niño que intenta tomar, usar y dominar, transforma las expectativas grandiosas de la infancia y promueve su self hacia interacciones caracterizadas por el cuidado y la mutualidad, equilibrando el balance entre las necesidades personales y las de los otros.

El cambio es una constante en la vida. La vida es impredecible e incierta. El individuo maduro acepta el cambio constante en el cuerpo, en las relaciones y en el mundo que los rodea, y se acomoda a lo que la vida le ofrece. Me gustaría añadir que todos los seres humanos, más allá de la riqueza, el poder, la posición o su entorno cultural, se encuentran dentro del mismo patrón evolutivo. Todos han nacido y todos morirán. Todos tienen un cuerpo con las mismas funciones. Todos son vulnerables a la pérdida y a la privación y todos poseen la misma necesidad emocional de proximidad y de amor.

El individuo sabio comprende que el dinero y las posesiones tienen un valor intrínseco limitado. Son medios para un fin, herramientas para enriquecer la vida y mejorar la condición humana de quienes aman y de la comunidad que los rodea. Más aún, el individuo sabio reconoce el valor extraordinario del trabajo. Más allá de ganarse la vida, trabajar es organizarse, es una actividad que proporciona propósito y dirección, una manera significativa de manejar el tiempo, y un entorno en el que pueden lograrse relaciones importantes. Estos son mis pensamientos principales acerca de lo que constituye la sabiduría en la mediana edad y más allá de la misma.

GJM: ¿Cuando habla de la sabiduría, está incluyendo la transmisión de la comprensión obtenida en las muchas décadas de vida vivida a las generaciones más jóvenes?

CC: Por supuesto, pero los jóvenes no siempre escuchan. Cada generación debe aprender por sí misma y no hay tanto que pueda enseñarse. Probablemente la expresión más grande de *insight* y sabiduría que pueda transmitirse es a través de la identificación: cómo los niños, los nietos, y los colegas jóvenes ven cómo hemos vivido la vida, cómo hemos superado los éxitos y los fracasos. Respecto a nuestros estudiantes en particular, podemos ser mentores que comprendan que los jóvenes inevitablemente nos reemplazarán, y, sin envidia, facilitarles el valor de sobrepasarnos contribuyendo a un nuevo conocimiento de la comprensión y práctica psicoanalíticas.

GJM: Creo que tenemos suficiente, ¿quisiera añadir algún otro comentario?

CC: Sólo decir que creo que la comprensión futura de la teoría psicoanalítica de la mediana edad se verá muy ampliada a medida que más y más profesionales se centren en esta etapa del desarrollo como algo único por derecho propio, absolutamente fascinante y merecedora de ser estudiada.

GJM: Muchas gracias.

Bibliografía

Hatmann, H. (1958). *Ego Psychology and the Problem of Adaptation.* International Universities Press, New York, 1939.

Spitz, R. (1965). *El primer año de vida del niño.* Fondo de Cultura Económica, México, 1969.

CAPÍTULO CINCO

Entrevista con *Franco de Masi* (Italia)

GJM: Háblenos de dónde vive.

FDM: Vivo en Milán, aunque viví veinte años en Venecia antes de mudarme a Milán para hacer psiquiatría y el análisis didáctico. Elegí Milán porque es la ciudad más abierta, más civil de Italia; la más organizada, y, en aquel momento, pude hallar aquí la primera escuela de psiquiatría de post-grado, diferente de la escuela de neuropsiquiatría anterior.

GJM: ¿Quiere presentarse?

FDM: De acuerdo.

GJM: Puede presentarse: lo que hace, quién es, a qué se dedica, qué temas le interesan, si ha escrito libros …

FDM: Trabajo como analista todo el día desde hace cerca de treinta años. Trabajé como psiquiatra en un hospital psiquiátrico de Milán—el primero que se cerró en Italia después de la aplicación de la ley que impedía el hospicio como entidad separada del hospital general. Desde que comencé a trabajar como analista siempre he estado interesado en tratar a los pacientes graves. Después de algunos años de práctica psicoanalítica, comencé a trabajar con psicóticos, y uno de los intereses que tengo tiene que ver con la cura de pacientes psicóticos. Es por esto que acabo de publicar

49

un libro en Karnac que se llama *Vulnerability to Psycosis* (2009). Antes de este libro, publiqué *El límite de la existencia* (2004) donde investigo cómo se enfrenta el ser humano a la angustia ante su propia muerte. Ahora bien, el problema de la *propia* muerte es un acontecimiento psicótico, es un gran suceso psicótico en nuestra vida, y, como todo acontecimiento psicótico, algo muy difícil de elaborar, porque siempre se convierte en un acontecimiento muy angustiante y *catastrófico*. La muerte no es un objeto al que pueda encontrársele ninguna intencionalidad, porque coincide con el final de toda percepción. Es un estado de cosas que el sujeto que lo percibe no puede concebir, y, por esta misma razón, se siente amenazado por una angustia traumática. Pero, si así son las cosas, si nuestra propia muerte no puede ser pensable, qué queremos decir con "miedo a la muerte": ¿Cuál es nuestra representación de la muerte? ¿Qué es lo que nos atormenta?

¿Cómo podríamos conceptualizar, desde un punto de vista psicoanalítico, el tipo de consciencia que el ser humano tiene acerca de su propia muerte? ¿De qué manera la muerte se ha convertido en un tema para la teoría psicoanalítica?

En cuanto comencé a meditar sobre estos problemas y en su influencia en las personas que se encuentran, digamos entre los cincuenta y sesenta años de edad, también comencé a encontrarme con la idea del límite de mi propia vida, y, después de hacer una especie de duelo, como para estar preparado para ello, como si fuera un paciente, algo nuevo surgió en mí y comencé a escribir el libro del que le estoy.

Guiado por estos intereses encontré la Fundación Travesía en internet, y por tanto, también le agradezco que me hayan invitado a compartir esta entrevista con ustedes.

GJM: Muy bien. Nosotros hemos preparado unas preguntas, son cinco más o menos, que las puede contestar como le parezca oportuno. La primera es una definición. Es decir: ¿Piensa que existe algo que pueda ser digno de llamarse mediana edad de las personas? Hay colegas que consideran que la mediana edad no existe. ¿Cuál es su postura?

FDM: Mi idea es que la mediana edad es algo muy importante, que es una edad mental de crisis, que plantea una oportunidad o una posible involución de la persona. Y pienso que el psicoanálisis ha infravalorado la importancia de esta crisis existencial. Quizás como psicoanalistas no *nos* hayamos preguntado por qué hacia los cuarenta o cincuenta años muchas personas buscan el psicoanálisis. ¿Por qué entran en crisis? Porque poseen una idea inconsciente bien precisa de que se hallan en un momento importante para fundamentar la segunda parte de la vida. Se vuelven ansiosos, depresivos, o sufren depresiones con ataques de pánico, y por eso solicitan análisis, porque inconscientemente saben que no están en condiciones de afrontar la segunda parte de su vida.

GJM: Si comprendo bien lo que plantea, usted hace una diferencia entre psicopatología y desarrollo. ¿Cuál sería la diferencia, específicamente desde la perspectiva del desarrollo?

FDM: Yo creo que el problema es si las personas poseen buenos objetos internalizados para afrontar lo que es la crisis de identidad que acompaña el pasaje por la mediana edad, porque todas las certezas que teníamos eran en gran parte certezas narcisistas y generan una crisis con el problema del reconocimiento del límite de la existencia. Esto es así porque en la primera mitad de nuestra vida vivimos con la ilusión positiva, en el sentido de Winnicott, con la idealización de nuestro self, que nos permite pensar que seremos capaces de realizar las tareas creativas de nuestra existencia. Esto es un elemento positivo, aunque no creo que sea un elemento omnipotente, sino un elemento positivo fisiológico, de lo que es la vida mientras somos jóvenes. Las defensas contra el reconocimiento del límite de nuestra existencia pueden tener muchas funciones psíquicas. No es fácil aclarar hasta qué punto facilitan la capacidad de vivir, y de qué manera pueden amortiguar el valor y el sentido de la vida. Por otro lado, la libertad de vivir de manera externa el pensamiento de la muerte también es necesaria. ¿Cómo podríamos disfrutar del éxito, del amor, del nacimiento de un hijo, de perseguir ideales, sin que nos liberáramos, al menos temporalmente, de la noción de muerte? Pero cuando llegamos a los cuarenta o cincuenta años y observamos cambios, especialmente en nuestro aspecto físico, se nos impone pensar que nuestra vida tendrá un límite, y nuestros padres que son entonces ancianos, se acercan a la muerte y de repente llegamos a un punto en el que no nos resulta posible seguir negándolo. Pero, desde ese momento, todo depende de cómo estemos estructurados en términos defensivos para saber si podremos afrontar esta segunda etapa de la mediana edad. Pero ¿cuál es el problema? Las personas que tienen una estructura fundamentalmente narcisista, que les ha permitido tener cierto éxito en la vida, personas inteligentes, con capacidad de trabajo, belleza, se confrontan con este punto porque no tienen la capacidad de elaborar la gran frustración: la situación del límite de la existencia. El advenimiento de una "crisis de la mediana edad" no siempre se presenta como un derrumbe, sino también como la defensa "exitosa" de un fracaso. Para algunas personas, la búsqueda de tratamiento psicoanalítico en la edad madura, implica el deseo de adquirir finalmente un cierto equilibrio no sólo para elaborar esta etapa de la vida, sino también para lograr una cierta vitalidad verdadera. Es el caso de las personas que se vieron privadas de condiciones favorables para el crecimiento psicológico, las que comprenden que están envejeciendo antes incluso de tener la oportunidad de desarrollar su propia vida. Y en este punto es donde quisiera referirme al trabajo tan importante de Jaques sobre la crisis de la mediana edad, al que aludimos antes de comenzar esta entrevista.

AMC: O sea que, según lo que usted dice, la percepción del propio envejecimiento corporal, físico, sería uno de los disparadores de lo que podríamos llamar mediana edad.

FDM: Claro que sí, con toda seguridad.

AMC: Es un elemento …

FDM: Sí, para la mujer es más complejo porque se pone en juego la pérdida de la capacidad de procrear, la pérdida, por ejemplo, del ciclo fisiológico de la fertilidad y de las menstruaciones. De alguna manera, los hombres pueden evitar todo esto, pero en las mujeres es muy evidente y es un elemento clave en la crisis de la mediana edad. Y es sorprendente que los analistas no le hayamos prestado atención a esto. Hay muchos trabajos sobre la crisis de adolescencia, donde el cuerpo sufre también transformaciones, ¿no es cierto?, y, en cambio, veo que se ha prestado poca atención a la crisis de la mediana edad.

GJM: Donde también el cuerpo sufre sus transformaciones.

FDM: Claro.

GJM: Entonces ¿cómo definiría la mediana edad?

FDM: Yo la definiría de la misma manera que lo ha hecho Elliott Jaques, como una edad de transición en la que existen cambios psicológicos y físicos muy importantes y que tiene una duración variable y que no es definible por un solo elemento, porque la crisis de la mediana edad, según yo la entiendo, se prolonga durante el resto de nuestra vida. Jaques sostiene que, durante la crisis de la mediana edad, las personas abandonan su idealismo originario cambiándolo por una visión del mundo más realista, íntima y reflexiva. Más aún, considera el idealismo como una característica de la primera mitad de la vida, algo que se basa en la negación de dos aspectos esenciales de nuestra existencia: la inevitabilidad de nuestra muerte y la consciencia de nuestra destructividad. Una aceptación explícita de estas dos características de nuestro mundo interno sería la premisa indispensable para permitirnos superar la crisis y proseguir hacia la edad de la madurez.

Siempre debemos aceptar el envejecimiento y estar en desacuerdo con el hecho de que nuestra vida tenga un límite tan consistente. Es decir, no es una crisis circunscripta, es un pensamiento, algo que nos acompaña el resto de nuestra vida.

AMC: Es un proceso que surge a partir de la mediana edad y que continúa a partir de ese momento.

FDM: Cierto, cierto.

GJM: Es decir, que piensa que la muerte es un tema central como lo decía Jaques.

FDM: Es claramente una experiencia existencial paradójica, a través de la cual entramos en el pináculo de la vida, mientras que al mismo tiempo somos cada vez más conscientes de su transitoriedad. Consecuentemente, la muerte ya no aparece como un concepto genérico de la experiencia de otra persona, porque comienza a preocuparnos personalmente, en la medida en que comenzamos a pensar en la realidad de nuestra mortalidad. Por otra parte, sin embargo, no se puede eliminar por completo la idea de la transitoriedad humana: ¿no es ésta, paradójicamente, la que otorga sentido a la vida? A pesar de que la muerte produce angustia, es precisamente el pensamiento sobre el límite temporal de nuestra vida lo que le otorga sentido. Esta es una idea importantísima, porque llegados a una cierta edad no se puede seguir negándola, aunque negar la propia muerte pueda ser un síntoma o una defensa positiva, porque si siempre tuviéramos en mente el hecho de que nos vamos a morir, entraríamos en una depresión, gran parte de nuestra creatividad, una base ilusoria positiva consiste en que sepamos saber soñar, en que sigamos teniendo esperanza en el futuro. Así, estar libres del pensamiento sobre la muerte es también muy necesario.

AMC: Una desmentida necesaria.

FDM: Sí.

GJM: ¿Cuál sería, siguiendo con la primera sección de la entrevista, la especificidad de la mediana edad equivalente a lo que podría suceder en la adolescencia? Nos ha comentado algo pero nos gustaría que lo desarrollara …

FDM: En mi opinión, los cambios en el cuerpo sorprenden al individuo. Lo mismo que le sucede al adolescente que no está preparado para los cambios corporales porque no conoce por ejemplo la sexualidad adulta, el hombre de mediana edad tampoco conoce el cuerpo que va a tener cuando envejezca. Vivimos la primera década de nuestra vida negando inconscientemente la etapa de nuestra vejez, despreciando a los ancianos, su debilidad y su necesidad de ayuda. El problema central, en mi opinión, es el problema psicológico del duelo por la juventud, si hemos hecho el duelo de la idea de nuestra inmortalidad o no, y este duelo es, diría, un problema muy difícil y conflictivo, especialmente si hemos manejado defensas narcisistas. El problema de saber si será una crisis positiva o evolutiva, en lugar de un deterioro, depende de la capacidad creativa o destructiva de cada individuo. Esto se ve, según creo yo, cuando se acepta en análisis a un paciente grave con una gran depresión o con una psicosis. Cuando este paciente mejore tendrá que vérselas con esa parte de su pasado durante la que ha vivido retraído en la locura o en una retracción psicótica. Y cuando el dolor por lo que ha perdido sea demasiado grande podrá destruir el resto de su vida acusándose o atacándose a sí mismo por no haber podido vivir mejor, o podrá hacer una reparación mejor, aceptando que una parte de su vida aún no está acabada y que la puede utilizar de manera significativa. En la crisis de la mitad de la vida podríamos, por ejemplo, acusarnos de no haber vivido una vida completa y significativa y desarrollar una depresión o podríamos pensar, en cambio, que la segunda mitad de la vida puede ser significativa y útil para la reparación de lo que no hayamos realizado.

GJM: Claro.

AMC: Es decir, ver la vida como una oportunidad.

FDM: De hecho, Elliott Jaques cuando se refiere a la muerte en su famoso artículo, dice que muchos individuos, poetas, escritores, artistas y pintores, se vuelven más creativos en la segunda mitad de la vida, y resulta sorprendente cómo podemos convertirnos en alguien creativo en la segunda mitad de la vida en lugar de en la primera. Freud mismo desarrolló su objeto creativo, el psicoanálisis, en la segunda parte de su vida.

GJM: Es cierto.

FDM: También estoy de acuerdo.

GJM: Y desde la perspectiva de Freud, ¿qué conceptos teóricos son los que le parecen importantes a la hora de describir la mediana edad?

FDM: En mi opinión, el pensamiento de Freud es muy complejo y creo que si seleccionamos una parte de su pensamiento no llegaremos a comprender bien sus verdaderas contribuciones. ¿Por qué digo esto? Porque, por ejemplo, Freud no creía que la segunda parte de la vida fuera una parte de la vida creativa, y sostuvo enfáticamente que los pacientes mayores de cincuenta años no se verían totalmente beneficiados por el tratamiento psicoanalítico. Según él, la libido era un poco, digámoslo así, rígida, estereotipada, incapaz de hacer frente a los cambios en la vida. A una cierta edad se transforma en algo muy rígido, muy estereotipado, e incapaz de afrontar las nuevas situaciones de la vida. Ahora, este juicio de Freud se ve contradicho por el hecho de que él mismo se convirtió en alguien realmente creativo hacia sus cincuenta años de edad. Nosotros mejoramos como analistas a esa edad, y entonces la segunda parte de nuestra vida está dedicada por completo a nuestra creatividad. Ahora bien, las afirmaciones de Freud fueron contradichas por Abraham quien escribió un trabajo donde demostró que no es tan difícil trabajar con pacientes ancianos, y sostenía que no es tanto el problema de la edad, digamos biológica, sino el problema de la edad de la neurosis. Si la neurosis es muy antigua es muy difícil cambiarla, si no lo es, no lo será tanto. Ahora bien, hay otro problema que se deriva de Freud, y que tiene que ver con el hecho de que ha sostenido siempre que la idea de la muerte personal no tiene representación inconsciente, porque el inconsciente es omnipotente y considera una vida sin límite. Entonces, desde esta perspectiva es difícil concebir la crisis de la mitad de la vida activada debido a la angustia ante la propia muerte.

Me parece que el pensamiento genial de Freud y que se puede aplicar al problema de la mediana edad es lo que sostiene en *Duelo y melancolía*, en el sentido en que dice que el problema del melancólico se da a un nivel de las defensas narcisistas, que la melancolía es un estado narcisista del ser. El melancólico está siempre atacando al objeto y a sí mismo por no ser un objeto ideal. Ahora bien, si nosotros nos preguntamos por qué alguien sufre una crisis de mediana edad psicopatológica, por ejemplo un hombre exitoso o una mujer hermosa e inteligente, pensamos que es porque se expresan a un nivel narcisista. Aún así, en el momento de tener que afrontar, digámoslo así, el problema del límite de la existencia que es el dar significado a la vida reconociendo que ya no son jóvenes, que ya no son más ideales, la diferencia narcisista puede colapsar y hacer que la persona caiga en un estado melancólico. Desde este punto se puede iniciar un proceso de duelo que permita una reparación respecto a la edad, permitiendo que la persona reconozca que la vida puede ser significativa, a pesar de que no continúen los éxitos—reales o fantaseados—que la precedieran. Mientras que si la persona hace un proceso auténticamente melancólico será el resultado de su confrontación con el odio que le genera el hecho de saber que lo que la vida no le dé a partir de entonces, ya no se lo dará nunca más. La elaboración que Freud hace del problema del duelo y la melancolía es fundamental para comprender la crisis de la mediana edad.

GJM: Nosotros tomamos en consideración, no sólo *Duelo y melancolía* sino también el artículo *La transitoriedad*—su primer capítulo en el libro sobre la muerte se llama así—donde Freud plantea que se abren tres caminos a partir de lo que pasa con el poeta y el amigo taciturno. ¿Me comprende?

FDM: Es verdad. Es ahí donde plantea el problema del duelo: en el 15 lo describe así y en el 16 escribe *Duelo y melancolía*.

GJM: Ahí vemos un camino maníaco: es imposible que tanta belleza se encuentre aquí para que desaparezca un día; un camino melancólico, depresivo: qué sentido tiene tanta belleza si está condenada a desaparecer …

FDM: Es verdad.

GJM: … y un camino en el que el reconocimiento de la transitoriedad añade un nuevo valor y un sentido a todas las cosas.

FDM: Sí, eso está muy bien.

GJM: Y me preguntaba también desde un punto de vista metapsicológico, ¿qué elementos le parecen útiles para aportar a una metapsicología de la mediana edad desde la perspectiva de Freud. Estimo que usted utiliza varios en su libro, pero quisiera conocer los que aquí y ahora considera importantes desde una perspectiva de la teoría de Freud, ¿qué se le ocurre?

FDM: Yo creo que el problema importante de la mediana edad, es la calidad del tipo de objetos internos que un individuo tenga para aceptar la transitoriedad de la vida. Para esto es muy importante considerar el tipo de superyó que la persona tiene en ese momento.

GJM: El superyó.

FDM: Sí, el superyó. Porque si alguien tiene un superyó severo y narcisista, este evidentemente le acusará continuamente de cualquier crisis y dificultad que tenga que afrontar, considerando que ha fracasado en la preservación de la felicidad original. En un segundo momento este superyó le acusará de haber llenado su vida de mentiras y falsedades y de haber desaprovechado la vida sin remedio. Desde un punto de vista metapsicológico es muy importante considerar el poder y la cualidad del superyó activo en un momento determinado. Un superyó demasiado narcisista podrá censurar al paciente por sus deficiencias, por no haber hecho algo para mantener la felicidad previa. Muchas veces el superyó reprocha al yo el haber vivido una vida llena de mentiras. Esto está muy bien descrito en *La muerte de Ivan Illich* de Tolstoi.

GJM: Quizás sería conveniente que nos contara el argumento, nosotros lo conocemos pero quizás el lector …

FDM: El protagonista de la novela de Tolstoi *La muerte de Ivan Illich* es un hombre de éxito. Muere a los cuarenta y cinco años tras haber vivido una vida simple y común. Es un hombre inteligente y agradable. En el curso de sus estudios de leyes, es un estudiante tranquilo, capaz de satisfacer las demandas académicas. Conoce a una mujer joven muy inteligente y brillante. Cuando comprende que está enamorada de él, se pregunta: "¿Por qué no casarme con ella?". Con el nacimiento de su primer hijo, del que cuida apropiadamente, la necesidad de hallar un lugar en el mundo fuera de su familia se hace mucho más penetrante. Ivan Ilich, inesperadamente, halla su muerte cuando sube a una escalera para revisar unas cortinas, cayéndose y golpeándose la cadera contra un picaporte. No se lastima demasiado, pero le duele mucho una de las caderas. La verdadera enfermedad se manifiesta por problemas abdominales en el costado izquierdo, el lado afectado por el trauma. Hasta aquí, Ivan Illich va de doctor en doctor, en una serie de encuentros insatisfactorios, porque los médicos le examinan y revisan, le dicen y no le dicen nada. Su carácter comienza a empeorar; llegando a la conclusión de que está gravemente enfermo, mientras los médicos y quienes le rodean parecen despreocupados. Es incapaz de comprender por qué la muerte podría sucederle a él, precisamente a él, justo en el momento en el que estaba viviendo una vida tranquila llena de recuerdos agradables. Si Ivan Illich hubiera podido llevarse con él a la tumba en ese momento al mundo entero, no hubiera dejado atrás a todos sus parientes, quienes estaban separándose de él, algo que le hacía sentir triunfante y satisfecho. Por otra parte, ¿no podría ser su familia un espejo de su indiferencia y vacuidad emocional, y de su deseo de no ser molestado por los dolores del mundo? El drama, que había estado latente desde hacía mucho tiempo, se despliega explícitamente sólo unas horas antes de que Ivan Illich muera, cuando se ve rodeado por su familia y descubre que su vida ha sido un fracaso, que se ha basado en la mentira. Se ve a sí mismo con su familia, ve todo por lo que se ha esforzado y comprende que toda su vida ha sido una enorme decepción. Ivan Illich es finalmente capaz de comprender su drama cuando comprende que podrían haberle ayudado si alguien le hubiera expresado su amor y sentido su preocupación. Su sirviente había sido el único que le había cuidado con total dedicación, cada vez que le solicitaba ayuda. Es demasiado tarde cuando Ivan Illich comprende el valor de la solidaridad humana y de todo lo que ha perdido en la vida: ya no le queda tiempo para vivir, para reparar y construir una vida basada en otros valores. Ahora, con esta intuición lacerante, se siente desbordado por una sensación de caos interior y de desesperación. La novela corta de Tolstoi puede comprenderse como una metáfora lúcida acerca de la angustia que se experimenta en la crisis de la mitad de la vida. En estas circunstancias, cada persona puede ser consciente de que la mejor parte de sus vidas se ha esfumado para siempre y pueden darse cuenta de que la han malgastado, sin que les quede tiempo para remediar o salvar la situación. Esta es la razón por la que algunas personas que han llevado adelante una vida "normal", exitosa y feliz, pueden entrar en su mediana edad, sintiendo un malestar existencial inexplicable. Nítidamente, están angustiados porque no están preparados para afrontar la segunda mitad de sus vidas. En la novela vemos muy bien representado, cómo el superyó se las ingenia para atormentar al yo, acusándolo de haber vivido una vida falsa a pesar de, aparentemente, haber sido un magistrado serio y reconocido en su propia ciudad. Es verdaderamente muy interesante.

AMC: Perdón, lo que recuerdo también es que ese superyó le había acosado siempre …

FDM: Eso es cierto …

AMC: Hasta tal punto que la búsqueda de la perfección en una cortina es lo que provoca su accidente …

FDM: Eso es, es cierto. Claro, este incidente sucede en la nueva casa que él había comprado para satisfacer los anhelos narcisistas de su esposa.

AMC: Claro, y se intensifica ese superyó, sádicamente …

FDM: Claro, y como esto es muy importante, quiero recordar el sueño de una paciente, algo que también comento en mi libro. Es una paciente de cuarenta y nueve años que había estado internada en varias ocasiones por estados depresivos y había recibido tratamientos de electroshock. Está casada y tiene un hijo. Vive con su marido, con quien no ha tenido una relación emocional significativa desde hace mucho tiempo. La paciente proviene de una clase social mucho más modesta que la de su marido y parece haber elegido un matrimonio socialmente conveniente para ella.

Su angustia queda muy bien representada en su primer sueño durante el análisis:

"Estoy en una ciudad del Mediterráneo, encarcelada y acusada de ser poco elegante, estoy en un camino que no sé a dónde conduce ... hay otro edificio y una iglesia, aunque en realidad sólo veo la fachada de la iglesia, como en el escenario de un teatro."

La paciente asocia la iglesia con aquella donde se casó, la ciudad es la misma a la que fue en su luna de miel. Tras cinco años de análisis cuando ya experimentaba una renovada relación positiva hacia el mundo, habiendo dejado de sentirse llena de envidia y de deseos destructivos, tiene otro sueño en el que se mira las manos para darse cuenta de que su anillo de bodas que se había roto, está reparado y recuperado. El hermano de la paciente también aparece en sus asociaciones, tiene un dedo amputado desde que le estallara una bomba que encontró en el jardín, cuando finalizó la Segunda Guerra Mundial. Identificándose con su hermano, la paciente se dice a sí misma en el sueño que hay algo que queda y que todavía puede usar los dedos que le quedan. También tiene asociaciones ligadas al matrimonio, permitiéndole la aparición de sentimientos más amistosos hacia su marido. Lo que es más, siente remordimientos por lo que ha perdido en la vida, por haber estado dominada por una parte de sí misma "caprichosa y falsa". Esto le permite tomar las riendas de su vida de una manera mucho más equilibrada y realista, valorando mucho más lo que verdaderamente posee.

GJM: A través del sueño de su paciente, nos ha explicado su modo de entender la mediana edad, pero ahora nos gustaría saber: ¿cuál es el paisaje psíquico?, ¿qué pasa, según su criterio, en la mediana edad?, ¿cuál es su opinión?

FDM: Haciendo referencia a esta paciente podríamos apreciar que el hecho de haber crecido con la idea de que sólo era deseada y aceptada por su belleza física, le llevó a no poder esperar ser amada y comprendida cuando la perdiera. ¿Qué futuro había entonces para ella? La paciente estaba casada con un hombre que la había elegido cuando era muy joven y ella seguía creyendo que su marido siempre la desearía. Pero esta no era la verdad: también estaba perdiendo a su amante. En este caso, la mediana edad destruye antiguos equilibrios y defensas. La paciente está obligada a comenzar un tratamiento porque no tiene probabilidades de construir algo que le sostenga en la segunda mitad de la vida. Comenzar un análisis abre la posibilidad de crear una nueva estructura. Para algunas personas, la búsqueda de ayuda analítica en la edad madura implica el deseo de adquirir finalmente un equilibrio no sólo apropiado para la elaboración de esta etapa de la vida, sino para un alivio real en general. Son casos de personas que se han visto privadas de las condiciones favorables del crecimiento psicológico y comprenden que están envejeciendo mucho antes de que hayan tenido la oportunidad de desarrollar sus vidas. Cuando me contactó por primera vez por teléfono con la idea de iniciar un tratamiento analítico, enseguida me planteó el tema de la edad, preguntando: "¿Es posible iniciar un análisis a mi edad?" Tal como voy a aclarar después, la cuestión de la edad no es sólo algo práctico, sino también una cuestión teórica muy compleja. ¿Es posible esperar cambios en la estructura de la personalidad a una cierta edad, o deberíamos pensar, tal como lo hiciera Freud, que la inercia caracteriza el funcionamiento psíquico a medida que nos aproximamos a la vejez? Si escuchamos con cuidado a la paciente, la pregunta adquiere un significado muy preciso, a través del que, en realidad, ella está preguntando si tendrá tiempo suficiente para volver a construir una identidad más auténtica, que pueda ayudarla a afrontar la parte final de su vida, o si debería considerar su vida como atascada en el pasado y fracasada. Su primer sueño contiene una suma de factores que subyacen a su derrumbamiento, así como las razones por las que parece incapaz de entrever una reconstrucción posible.

Pero quisiera decir algo sobre una crisis de mitad de la vida más normal. Podemos contrarrestar la fuerza inevitable hacia la nada sólo cuando creamos una experiencia de orden constructivo, que pueda dar sentido y aportar significado al arco de nuestra vida. Haciéndolo así, podemos mitigar el dolor de la pérdida y dejar ir una vida valiosa y valorada sin demasiada desesperación. En el momento en el que ya no podemos desentendernos de la idea de nuestra transitoriedad, el dolor por lo que perdemos, la intensidad del odio y la envidia que sentimos por aquellos que permanecen, sólo puede ser mitigada a través de nuestra capacidad para tolerar la soledad y el encuentro con otros seres humanos.

Pero el mayor problema, según creo yo, es si podemos descubrir nuestra capacidad para estar a solas, lo que de ninguna manera significa estar solo, sino tener nuestra propia identidad y saber estar a solas sin desesperarnos. Me refiero a la capacidad para estar a solas sobre la que tan bien han escrito Winnicott y Melanie Klein. ¿Qué quiero decir? Darle un sentido a la vida en términos de positivismo y de creatividad, algo así como ser capaces de dar más de lo que hemos recibido. Este puede ser nuestro rol parental en la segunda parte de la vida. Creo también que un problema importante es el problema del tiempo, el hecho de que percibamos que nuestro tiempo es limitado nos ayuda a no despreciarlo, a no malgastarlo. A veces parece que viviéramos como si estuviéramos en un banquete eterno donde pudiéramos comer todo lo que quisiéramos sin límite. Ahora tenemos que ahorrar tiempo y vivir más intensamente. La capacidad de estar a solas sin sentirnos solos está muy vinculada a la vivencia de continuidad y de sentido personal al afrontar la ausencia del objeto. En una mediana edad suficientemente buena llega el momento de hallar nuestra autenticidad. Podemos identificarnos con las cualidades buenas de nuestros padres y maestros como condición de separatidad. A medida que avanzamos en el proceso de envejecimiento, la riqueza de las experiencias que hayamos vivenciado a través de haber sido hijos, adultos, y, finalmente, ancianos, parecen incomparables ante el límite del futuro. Si, por un lado, la posibilidad de nuestra expansión futura decrece, por el otro, nos identificamos mucho más con nuestro pasado, que aparece como el tiempo expandido de nuestra vida. Esta integración continua del pasado se transforma en algo mucho más significativo cuanto más podamos aceptar el misterio de nuestra trascendencia. La capacidad de estar a solas puede comprenderse a través del logro de una integración personal, que es el prerrequisito para poder tolerar nuestra naturaleza finita sin demasiado resentimiento. Después de todo, la vida, tal como cualquier otro objeto, no puede ser una posesión definitiva: tenemos que poder permitirle a la vida, también, que se aparte de nosotros.

AMC: Por supuesto.

FDM: Por eso es tan importante valorar el tiempo, ser capaces de no malgastarlo. Pero, para lograrlo tenemos que revisar nuestra identificación buena con nuestros padres, con nuestros maestros, con nuestros colegas, y con todas las personas que nos ayudan en nuestro desarrollo emocional. Creo que éste es uno de los más importantes pasajes en la mediana edad.

GJM: En su concepto ¿cuál es el punto de partida? Usted ha dicho que, de alguna manera, el reconocimiento de los límites, pero ¿cuáles son los caminos que pueden tomar los diferentes decursos en la mediana edad?

FDM: Desde el momento en que puede ser un momento regresivo ...

GJM: Muy bien.

FDM: La crisis de la mediana edad puede ser evitada temporalmente implementando defensas que mantengan a raya la depresión. Estas defensas pueden incluir nuestro esfuerzo deliberado de parecer más jóvenes, confiando, por ejemplo, en fantasías sexuales que compensen el sentido subyacente de la pérdida de la vitalidad. Es algo típico de los hombres, porque no es tan evidente en ellos el problema generativo como en las mujeres, quienes niegan la adultez madura engañándose en la creencia de ser más jóvenes. Son intentos vanos de desafiar el paso del tiempo y pueden conducir a un empobrecimiento emocional o a un deterioro del carácter. Las personas pueden superar la crisis de mediana edad sólo si consiguen afrontar constructivamente la noción del límite de la vida y el impacto traumático de pensar en la muerte con éxito. Cuando esta experiencia evoluciona de manera positiva, la segunda parte de la vida puede vivirse útil y productivamente. Sabemos que la elaboración del dolor que nos causa nuestra naturaleza humana finita no es algo que se adquiera de una vez y para siempre, por el contrario, es un proceso progresivo. Después de cierta edad, el trabajo de duelo es una característica constante de nuestra vida psíquica. Después de los cincuenta o sesenta años, comprendemos muy claramente que no podemos esperar cambios importantes y que necesitamos completar lo que hemos comenzado. En verdad, no resulta fácil a esa edad alentar nuevas perspectivas y ambiciones. La vivencia de que nuestro horizonte se vuelve cada vez más limitado puede mejorarse si logramos entender cuánto podemos crear y transmitir todavía a aquellos que vienen detrás nuestro. En el sueño que he descrito antes, la paciente habla de su vida como si se tratara de un escenario falso, esa falsedad atraviesa muchos aspectos de su vida y es otra razón por la que no está convencida de que podría tener una vida más autentica. En este caso, la crisis de la mitad de la vida destruye los antiguos equilibrios y defensas, el paciente se siente obligado a comenzar un tratamiento precisamente porque no tiene más posibilidades de construir algo que pueda sostenerla en la segunda mitad de la vida. Iniciar un análisis abre la posibilidad de creación de una nueva estructura. A posteriori, podemos ver cómo la experiencia analítica le permitió moverse en esta dirección.

GJM: Usted sabe que de su libro me impactaron unas cuantas cosas, aunque fundamentalmente dos que puedo citar aquí. Primero que, siendo un psicoanalista, es usted un autor que dice que el tema de la muerte es el verdaderamente importante; y es un psicoanalista, cosa que en general vemos con una cierta renuencia porque no está muy aceptado ya que nos tapa el superyó de Freud que nos dice que la muerte no tiene representación, sino que es ansiedad de castración. Usted dedica todo un capítulo a lo que muy bien tipifica como angustia de muerte, cosa que yo suscribo totalmente. También lo afirma Pontalis en un artículo pequeño que se llama *El trabajo de la muerte*, donde dice que los psicoanalistas hemos puesto la sexualidad en primer plano como defensa contra nuestra propia angustia de muerte, un poco coincidiendo con lo que usted plantea. Y su pensamiento de que el tema más importante es la muerte, me llevó a postular la idea de la existencia de un trauma que yo he denominado trauma por la propia muerte futura. Un trauma que todavía no ha sucedido pero, que uno sabe que va a suceder y al que se está anticipando. Creo que puede tener que ver, winnicottianamente hablando, con nuestro origen en el futuro y con el hecho de que podemos temer una cuestión traumática como algo que viene del pasado, pero que creo que existe como cosa en sí; y también me interesó muchísimo un párrafo de su libro que dice: "Los psicoanalistas podríamos ser utilizados para racionalizar y negar el catastrófico impacto que el temor a la muerte posee en todos los seres humanos, incluyendo a los propios psicoanalistas, como somos nosotros, a través de un intento indirecto de patologizarla", y muy inteligentemente añade: "Los analistas podrían emplear todos los medios disponibles para mostrar a sus pacientes cómo sus temores son sintomáticos, mientras inconscientemente ellos mismos están atravesados por la misma angustia." Esto me parece un párrafo valiente, lleno de coraje …

AMC: Una afirmación fuerte.

GJM: Son conceptos que no se escuchan muy a menudo.

FDM: El pensamiento psicoanalítico se ha centrado mucho en el problema del abandono y de la muerte del objeto, y en el duelo y la melancolía, pero no en el problema de la propia muerte. ¿Por qué? Creo que, como le decía al principio, el problema de la muerte tiene que comprenderse como un problema psicótico, una cosa que no puede ser contenida por nuestra mente. Y creo que es también un problema biológico porque estamos diseñados de manera que no somos capaces de aceptar la muerte personal. Los animales pelean violenta y continuamente para permanecer vivos, esta quizás sea una de las razones por las que, como especie, hayamos sobrevivido. Es una especie de defensa que la neurociencia ha comenzado a comprender a través del circuito de la angustia, de la angustia que nace de la amígdala, que tiene un efecto paralizante, y que es esta respuesta primaria a la angustia de muerte, algo aterrador. ¿Me comprende? Nosotros podemos pensar en la muerte de cualquier otro, pero no podemos pensar en nuestra propia muerte, porque nuestra muerte es, diríamos así, el elemento traumático por excelencia. La equivalencia entre el trauma catastrófico y la muerte nos ayuda a comprender cuánto necesitamos los seres humanos ocultar la noción de muerte, y es ésta la necesidad que Freud enfatiza con tanta vehemencia. La percepción de la muerte necesita ser disociada porque constituye un trauma excesivo para nuestra mente. La noción freudiana de que no existe idea de muerte en el inconsciente quizás signifique que somos incapaces de pensar en la muerte en nuestra mente inconsciente, porque la muerte tiene que ser disociada, tiene que ser colocada en una parte diferente de la mente sin contacto con la memoria y el pensamiento consciente. La muerte es un objeto indigerible, cargada de angustia traumática, como pueden ser el delirio y la psicosis.

GJM: La idea de la muerte como un asunto psicótico es una idea muy importante y un aporte enorme que usted hace.

AMC: Sí, la verdad es que sí.

GJM: Porque es un contenido que no tiene un continente, que no puede tener un continente.

FDM: Es posible ver cómo las teorías de los psicoanalistas no han construido teorizaciones suficientes acerca del final de la vida, de la muerte como asunto natural. Recientemente, Melanie Klein ha convertido la angustia de muerte en algo muy importante para el desarrollo, porque la primera angustia que el niño debe afrontar es la angustia de muerte. Pero existen pocas contribuciones sobre el miedo a la muerte que implica angustia psicótica, algo que todos estamos impedidos de pensar.

GJM: Claro. Y es una angustia de muerte que vuelve en la mediana edad cuando uno tiene que afrontar su propio envejecimiento.

FDM: Claro, es cierto.

AMC: Es también el desvalimiento ante esta situación.

FDM: Sí.

Bibliografía

De Masi, F. *El límite de la existencia*. Lumen, Buenos Aires, 2004.
De Masi, F. *Vulnerability to Psychosis*. Karnac, London, 2009.

CAPÍTULO SEIS

Entrevista con *Cláudio Laks Eizirik* (Brasil)

GJM: Estamos con el Doctor Cláudio Laks Eizirik, actual Presidente de la Asociación Psicoanalítica Internacional, y, entre otras cosas, co-autor del libro titulado: *El ciclo de la vida humana*, en donde expone en dos capítulos sus ideas sobre la mediana edad, la vejez y la muerte. Habiendo estudiado su libro, decidimos convocarlo, para conocer sus ideas acerca de la mediana edad. Vamos a formularle solamente cinco preguntas, pero es libre de utilizar su tiempo como le parezca. La primera pregunta es la siguiente: ¿Piensa que existe algo que se podría llamar mediana edad de las personas?

CLE: Yo en primer lugar quisiera decir que para mí es un placer estar aquí conversando con ustedes porque este tema me interesa desde hace mucho tiempo. De hecho, doy clases sobre el tema en la facultad de medicina, en el departamento médico. Así que la respuesta para mí es que sí, que existe algo que se llama mediana edad. Yo pienso que en el psicoanálisis ha habido mucha investigación sobre la infancia, Freud basó toda su metapsicología y clínica en la relación del pasado con el presente y la infancia por ejemplo. Sin embargo, había una falta de estudios específicos, por ejemplo sobre la adolescencia, donde autores como Aberastury, hicieron sus aportaciones.

GJM: Peter Blos ...

CLE: Peter Blos, pero me parece que Erikson fue el autor que empezó a desarrollar con más profundidad todo ese ciclo, bajo la división en ocho edades, a la que se ha añadido ahora una nueva, que es la novena edad, la post-vejez. Así que a mí siempre me pareció muy útil el Trabajo de Elliott Jaques: *La muerte y la crisis de la mitad de la vida*, que utilizo con los estudiantes tanto de psiquiatría como de medicina, porque me parece que aborda perfectamente el tema de la conciencia de la muerte personal, de la finitud y de los cambios que se suceden. Las personas, entre los cuarenta y los cincuenta y pico años de edad, dependiendo de la definición que demos de vejez, experimentan un cambio interno y externo en términos de relaciones. Así que para mí hay una mediana edad que es una época muy importante de la vida.

GJM: Por lo que ha comentado, usted lo definiría como algo relacionado con la percepción de la muerte, ¿cuál sería su definición de la mediana edad?

CLE: Hay una definición temporal, que es un poco pobre a mi juicio. Diría que algunas de las características de la mediana edad incluyen la conciencia de la muerte personal, la madurez personal y el haber desarrollado un self, y una actitud ante la vida por la que se empieza a ver que nuestro tiempo no será eterno. Existe también un contacto con la muerte de los padres, de nuestros mayores y de los maestros, así como un hacerse cargo, una asunción.

GJM: ¿Aceptación?

CLE: No, asunción en el sentido de tener responsabilidades. La persona empieza a tener una posición familiar y social de mayor responsabilidad, algo que le produce una vivencia de cambio. Es un momento de evaluación acerca de lo que se produjo y de lo que todavía se puede producir, de lo que se perdió y de lo que todavía se podría anhelar. Entonces me parece que la mediana edad implica un conjunto de cambios internos y externos, así como familiares, profesionales y sociales. Hay un trabajo muy bueno de Pearl King sobre el ciclo vital del analista, en el que estudia cada etapa, desde el candidato hasta el analista mayor, que se acerca a la muerte; su hilo conductor es el trabajo de

Erikson, y, siguiendo su teoría, propone las crisis de cada etapa. En la mediana edad, se refiere justamente a esa mayor responsabilidad. Es un momento no sólo para transmitir el psicoanálisis como analista, sino también para la desafiante tarea de evaluar colegas y de asumir funciones administrativas, que son objeto de actitudes inevitablemente ambivalentes por parte de los demás colegas. Pero para ese momento, un analista ya tiene una cantidad de casos analizados, algunos con buenos resultados, otros como fracasos terapéuticos. Comienza entonces a tener una actitud menos idealizada del psicoanálisis, de su potencial terapéutico. Elliott Jaques dijo que la actitud hacia la naturaleza humana comienza a ser menos romántica y más filosófica, menos dramática y más trágica. Esto es tanto una pérdida narcisista como también un logro. ¿Cómo podríamos vivir las etapas siguientes sin una reorganización interna?

GJM: ¿Y cómo cree que podrían considerarse metapsicológicamente estos cambios? Me refiero al hecho de hacer un balance de la vida, de sentir una realización personal. ¿Cómo cree usted que puede hacerse desde la metapsicología?

CLE: Yo pienso que hay quizás un nuevo balance entre las tres estructuras, que el yo estaría más reforzado en ese momento por el ello y por el superyó, es decir, sería una etapa de más fuerza yoica, en el sentido de que el self estaría más estructurado y la persona tendría quizás más autonomía y más capacidad de estar con uno mismo.

GJM: ¿Y cómo lo ve desde la perspectiva de los ideales, por ejemplo, del ideal del yo?

CLE: Me parece que aquí tenemos un problema porque los ideales empiezan a volverse más reales. Cotejamos los ideales con la realidad: lo que se logró y lo que no se podrá lograr. Además me parece que hoy en día afrontamos una nueva realidad por el hecho de contar con una mayor cantidad de ancianos en la sociedad, la mediana edad quizás ya no sea tan mediana edad como solía ser hace cincuenta años. Hay un libro de Philip Roth que se llama *El animal moribundo*, en el que habla de la vejez y donde muestra cómo la fuerza pulsional todavía continúa manteniéndose hasta la vejez. Entonces la mediana edad puede confundirse un poco con la adultez joven en el sentido de que todavía hay cosas por hacer y tiempo para hacerlas. En relación a los ideales, hay que aceptar la tristeza porque varios de ellos ya no se concretarán, porque se perdieron.

GJM: ¿Y qué ocurre cuando una persona no pudo constituir bien sus ideales en la adolescencia, o cuando no tiene recursos para hacer frente al dolor, porque no todo el mundo tiene la suerte de contar con un buen ideal del yo que lo sustente. ¿Qué piensa al respecto?

CLE: Anteriormente he hablado de los cambios en la mente del analista, y de los duelos y logros en la mediana edad. Es muy peligroso hacer predicciones sobre lo que va pasar con una persona en su futuro, así que tendremos que observar los hechos, las pérdidas, los logros, incluso para saber, por ejemplo, qué resultó de un análisis largo cuando el momento de la verdad llega. Es como en una corrida de toros, donde existe el momento de la verdad, en el que el toro encuentra la muerte; nosotros quizás tengamos micro-momentos de la verdad, los sucesivos duelos, y la mediana edad, pese a sus logros, ofrece no pocas pérdidas y duelos. Otra idea que me parece útil es la de resiliencia, la capacidad de enfrentarse a situaciones difíciles sin desorganizarse demasiado. Pero también pienso que ahí podemos estar entrando ya en el terreno de la psicopatología, con depresiones y otras enfermedades, incluyendo enfermedades psicosomáticas y orgánicas propiamente dichas. Si no existe una estructuración fuerte del ideal del yo, y hay muchas pérdidas, aparecería una vivencia aplastante de desconcierto. Este sería el punto de partida de un período de vulnerabilidad, donde una persona puede caer en el alcoholismo, el abuso de drogas, etc. Por ejemplo, Michael Jackson fue una celebridad comportándose como un niño en su mediana edad a consecuencia de su incapacidad para hacer frente a los cambios que el tiempo le había impuesto. Yo creo que hay otro tema relacionado con esto: la búsqueda desenfrenada de la juventud. Hace poco un paciente mío que es cirujano plástico me comentó que en esta época existe casi igual cantidad de hombres que se someten a cirugías plásticas como de mujeres. Parece como si no fuera posible aceptar los cambios del cuerpo. Ahí se entra en la búsqueda desesperada de una juventud que ya está perdida.

GJM: Ahí entraría, como psicoanalistas, el estudio de una verdadera metapsicología, es decir: ¿qué le pasa al yo que no puede interactuar con las otras instancias como para hacer posible la aceptación del paso del tiempo, qué pasó con los ideales, o con las heridas narcisistas, por ejemplo? ¿Se le ocurre algo más desde la perspectiva de la metapsicología de la mediana edad en este momento?

CLE: Veamos, me parece que puede tener que ver con las pulsiones, quizás la pulsión de muerte puede empezar a volverse más presente y amenazar al yo o a toda la estructura de la personalidad. El yo, por un lado, puede sentirse más fuerte, pero por el otro, más amenazado por los cambios corporales, por los cambios en los roles externos y por la relación con el ideal del yo. O sea, hay que vivir las pérdidas, y si uno se encuentra más débil, quizás sea más vulnerable a los ataques desde dentro y desde fuera.

GJM: Esto me hace reflexionar sobre lo que dice Freud dos o tres veces a lo largo de su obra: que habría una especie de refuerzo pulsional en la pubertad y en el climaterio. Freud lo relacionaba con la menopausia, quizás porque en ese momento no se concebía que también hubiera un climaterio masculino de manera más clara, o, tal vez, porque los procesos son distintos. ¿Qué opina sobre la teoría de Freud de la existencia de un rebrote pulsional en la pubertad y el climaterio?

CLE: Me parece muy interesante porque por un lado hay una pérdida, pero por el otro hay un deseo de vivir con más intensidad, de tratar de aprovechar lo que todavía es posible. Puede observar en muchas personas lo que Winnicott llama el "new beginning": los matrimonios que se terminan, los cambios de actividad, los cambios de preferencias, cambios hasta de ciudad de residencia. Por eso me pareció tan importante el trabajo de Elliott Jaques. Me acuerdo de una persona que sólo entendía la música clásica en el sentido tradicional, o sólo la pintura de los grandes maestros figurativos, cuando este hombre entró en su mediana edad, se permitió entrar en contacto con un tipo de arte moderno y contemporáneo—Bacon o Lucien Freud cuyo arte pareciera ser expresión de la locura aunque es, en realidad, un nuevo lenguaje artístico—y con diferentes expresiones musicales: música contemporánea dodecafónica y atonal. Así que, ciertamente, me parece importante esa idea de Freud, es interesante porque es como si uno juntara sus energías para lograr una nueva investidura pulsional; algo así ocurrió en la etapa final de la vida de Picasso, por ejemplo, o se ve ahora con el brillante escritor norte-americano, Philip Roth.

GJM: Pero para eso, como muy bien señala, tiene que haber un yo ...

CLE: Tiene que haber un yo, porque sin el yo ...

GJM: Sin el yo más que un cambio habría un paso en falso: se quiebra el matrimonio, se quiebra la empresa, sin saber muy bien por qué. Esto diferenciaría un progreso, un crecimiento, un "new beginning", de un problema psicopatológico. Por esta razón intentamos pensar desde la lógica interna del sujeto; queremos descubrir lo que sucede intrapsíquicamente para dar sustento a una metapsicología que como psicoanalistas, nos permita entender lo que sucede, más allá del hecho externo.

ALC: Es decir, si es un cambio maníaco o un cambio producto de un acto reflexivo el que brinda la posibilidad de un nuevo inicio.

CLE: Así es.

AMC: Esas serían las dos instancias.

GJM: Un poco en la línea del panel—en el que hemos participado: diferenciar "relato" (story) de "historia" (history), o, como dice Bollas: diferenciar "hado" (fate) de "destino" (destiny). ¿Estaría de acuerdo?

CLE: Totalmente, porque por un lado, es una salida maníaca de algo que no se puede manejar, y por la otra es tomar posesión del destino haciendo los cambios necesarios. Creo que algunos cambios son necesarios ya que de otro modo se haría evidente una falta de reconocimiento del paso del tiempo.

GJM: Usted cita en sus trabajos: *La muerte de Ivan Illich* de Tolstoi, y *Narciso y Goldmundo* de Herman Hesse, a ver si puedo encontrar las citas ...

CLE: ¿Y cómo localizaron el libro?

GJM: A través de la biblioteca de la Asociación Psicoanalítica Argentina.

CLE: ¿Y está ahí?

GJM: Sí, y el libro está dedicado por usted. Dice: *A mis amigos de APA* ...

CLE: (se ríe)

AMC: Esas cosas que uno hace y olvida ...

GJM: Su cita de Narciso y Goldmundo, que voy a traducir del portugués, dice: "Tal vez sea el miedo ante la muerte la raíz de todas las artes y tal vez la raíz de toda la vida espiritual. Nosotros tememos, nos estremecemos frente a la transitoriedad y contemplamos con tristeza como, continuamente, las flores se marchitan, las hojas se caen, y sentimos dentro de nuestro corazón la certeza de que nosotros también somos pasajeros que en poco tiempo falleceremos. Si como artistas creamos imágenes y como pensadores vamos en busca de ellas y formulamos pensamientos, entonces encontramos sentido a poder salvar algo de esa gran danza de la muerte, colocando allí alguna cosa que tenga una duración mayor, mayor a nosotros mismos." ¿Cómo entiende este párrafo en este momento, porque estaba hablando precisamente de la creación artística?

CLE: Creo que hay una noción progresiva de que las obras que realizamos serán nuestra manera de sobrevivir, y yo diría que las principales obras son nuestros hijos, o nuestros alumnos, nuestros discípulos, pero creo que los hijos, los nietos entran en esa noción de generatividad de la que habla también Erikson, pero en el sentido del arte o de la creación. Yo encuentro ejemplos muy sencillos, no de los grandes artistas necesariamente, sino, por ejemplo de una abuela que enseña a su nieta a preparar los platos que ella aprendió de su abuela; o de un abuelo o un padre que enseña a su hijo a apreciar el fútbol o a remontar un barrilete. Son pequeñas cosas de la vida cotidiana, que son expresiones de alguna forma artística, sencillas, y que quizás sean la manera de continuar viviendo después. Entonces alguna vez uno tiene la oportunidad de escuchar alguna cosa de un hijo o de un nieto, que es algo que uno había dicho hace muchos años y que ya no recordaba. Por ejemplo, el hecho de que ustedes encuentren mi libro en la biblioteca de APA que yo ya no recordaba haberles regalado. Son cosas comunes cuando uno trabaja con estudiantes, como es mi caso, ya que de vez en cuando me encuentro con alguien que me dice: "Alguna vez en una clase usted dijo tal y tal cosa que ha tenido mucha importancia para mí". Esta clase de experiencias permiten que la inevitabilidad de la muerte se torne un poco más aceptable.

AMC: Por supuesto, aunque, en mi opinión, lo que usted dice de transmitir va mucho más allá, porque no solamente se tiene un hijo, se escribe un libro o se planta un árbol, sino que muchas veces eso que se transmite de persona a persona, tiene que ver con el hecho de que quede en el otro algo que uno quizás hasta había olvidado haber hecho.

CLE: Exactamente.

AMC: O sea, dejar algo de uno mismo en los demás.

CLE: Así es.

AMC: Que quede algo nuestro en la vida de los otros como forma de superar la angustia de la muerte.

CLE: Así es.

GJM: Está hablando de transmisión generacional, que cuando se da, significa que la persona tuvo realmente una verdadera integración de su vida adulta en la mediana edad e incluso más allá de ella. Lo que pasa es que muchas veces uno encuentra el otro polo: la dificultad de esta transmisión generacional.

CLE: Y ahí entramos de nuevo en el campo de la envidia de los más jóvenes, de la amargura, de la sensación de estancamiento de la que habla Erikson. En su trabajo *Nuestro mundo adulto y sus raíces en la infancia*, Melanie Klein habla de la posibilidad de enfrentarse a la vejez sin sentir demasiada envidia por los más jóvenes si existe gratitud por la satisfacciones vividas, y por la capacidad de identificarse con los más jóvenes, y de disfrutar de los placeres que ellos tienen. Cuando yo leí ese pasaje hace muchos años, me pareció lleno de sabiduría, pero hoy no estoy totalmente de acuerdo. No estoy seguro de que no pueda sentirse alguna forma de envidia maligna o exagerada de los más jóvenes, pero hay satisfacciones específicas de la mediana edad y de la vejez, y entre ellas no se presta la debida atención a la capacidad de amar, no sólo en sentido general sino también genital. Isaac Bashevis Singer una vez escribió, que la capacidad de amar aumenta con los años de muchas maneras, y que los jóvenes son en muchos sentidos principiantes. De hecho, critica la falta, en la literatura, de libros sobre el amor en la vejez. Creo que en el psicoanálisis no hay mucho escrito sobre la capacidad erótica, sobre el disfrute de la sexualidad en la mediana edad y la vejez. Integramos una cultura del narcisismo, como dice Lasch, una modernidad líquida, como subraya Bauman: nuestra cultura está todavía muy ocupada por la belleza y la sexualidad como atributos de la juventud.

       A mi juicio tanto la belleza como la vida amorosa no tienen edad y aquí nos falta todavía una apreciación psicoanalítica más profunda de esos hechos. Ahora, otro punto que me parece interesante es que todo esto se vive mucho más a nivel inconsciente, porque uno no está pensando todo el tiempo en la muerte. Yo tengo, por ejemplo, en este momento dos pacientes de más de ochenta años, y sus sesiones son, en general, sobre sus actividades, sobre sus lecturas, sobre lo que están haciendo, escribiendo, muy raramente surge el tema de la muerte. Quizás sea algo mucho más dramático en la mediana edad, cuando por ejemplo alguien conocido muere, y es imposible negar que sea un hecho ...

GJM: Claro.

CLE: Entonces después quizás se produzca una cierta acomodación intrapsíquica para continuar viviendo, pero sin esa presencia de la noción de la muerte.

GJM: Muy bien. Nosotros también creemos que hay una transición y que hay una crisis de la mediana edad. Bueno, en verdad, esto también lo escribe en su libro la persona que escribe el capítulo sobre la mediana edad, donde la transición sería la continuidad natural del desarrollo. El autor, cuyo nombre no recuerdo en este momento, se apoya en las ideas del Doctor Colarusso, que también participa en este congreso.

CLE: ¿En qué libro, en el vuestro o en el mío?

GJM: En el suyo.

CLE: Ah, es muy interesante tu observación. Sí, el autor es Cordioli.

GJM: Cita las tareas evolutivas que describe Colarusso, quien diferencia igual que nosotros entre transición de mediana edad para lo que tiene que ver con el desarrollo y con la continuidad del desarrollo, y crisis de mediana edad que queda limitada a lo que es la psicopatología, al estancamiento de la transmisión generacional, las depresiones, los estados maníacos como decía Alicia hace un momento. ¿Realmente afirmas, como psicoanalista, que el desarrollo continúa a lo largo de todo el ciclo vital?

CLE: De hecho, vamos a hacer una nueva edición de ese libro porque los estudiantes critican algunos de los capítulos, entre los cuáles se encuentra éste, y el autor—que es un gran amigo mío—es un terapeuta cognitivo-comportamental y el libro fue escrito por un grupo de colegas, entre los que se encontraba una terapeuta de familia, es decir, no todos son analistas, así que se percibe la diferencia. Pero yo suscribo totalmente la idea de que existe un desarrollo a lo largo de todo el ciclo vital y de que nosotros no estamos listos en ningún momento para los cambios que puedan venir ni para el hecho de que sobrevienen cambios hasta la vejez. Hay un poeta brasileño, Carlos Drummond de Andrade, que tiene una poesía que empieza así: "Estás muy viejo para esas cosas, pero qué cosas y por qué muy viejo y por qué esas cosas no pueden ser muy nuevas y no puede haber un cambio en la vejez." Entonces hay mucha gente que cambia completamente sus percepciones, su forma de sentir, su propia relación consigo mismo, sus relaciones con personas significativas, su trabajo, así que yo estoy totalmente convencido, por lo que veo, de que hay un cambio constante y continuo, y de que nosotros no estamos necesariamente condenados a repetir el pasado sino a construir nuevas versiones del pasado, del presente y del futuro.

GJM: ¿Y por qué piensa que resulta tan difícil considerar las etapas del desarrollo más allá de la adolescencia y la adultez en psicoanálisis? ¿Qué puede haber sucedido? ¿Por qué no es políticamente correcto que se acepten fácilmente las ideas del desarrollo adulto?

CLE: Bueno, en esta gestión de la IPA yo fundé un nuevo comité que se llama: "Comité para el estudio del envejecimiento de pacientes y analistas" ...

GJM: Sí, yo soy uno de los miembros ...

CLE: Ah, usted es miembro (se ríe), claro se me olvidaba ...

GJM: Y ahora que deja la presidencia vamos a invitarlo a ser miembro también, porque va a estar más libre.

CLE: ¡Qué memoria la mía!

GJM: Somos muchos. Pero ...

CLE: Porque, claro, yo tampoco sé la respuesta. A mí por ejemplo, me da un poco de miedo la falta de popularidad de Erikson. Ya oí en su momento que era un analista un poco superficial. Ahora es muy curioso, fíjese que toda la teorización freudiana está basada en el pasado, o en los franceses contemporáneos y los kleiniamos, todo es la reconstrucción o el mundo interno y el mundo externo: no hay lugar para los cambios durante el ciclo vital. Realmente esta sería una cuestión para ser investigada: ¿por qué no se puede reconocer un estado de cambio? No tengo la respuesta. A mi también me resulta muy curioso, por ejemplo, cada vez que presento algún trabajo sobre la vejez en congresos, que sólo haya siempre un pequeño número de personas interesadas. No es un tema muy popular. No sé si es un problema contratransferencial, si es una necesidad de negar un estado de malestar con la propia imagen, eso que Simone de Beauvoir llamaba "la realidad incómoda de la vejez", pero no sé que piensan ustedes, porque es muy extraño.

Un autor muy estimulante para mi es Antonino Ferro, no porque hable de la mediana edad o de la vejez, sino porque parte de la teoría del campo analítico de los Baranger. Propone que existe la posibilidad de crear algo nuevo en cada análisis, y que no estamos necesariamente obligados a la repetición. Creo que a pesar de que el tema de la compulsión a la repetición pertenece al campo clínico y metapsicológico, resulta un obstáculo cada vez que llegamos a una frontera entre diferentes teorías en nuestra práctica. Cualquiera de las grandes crisis, como la de Melanie Klein o después la de Lacan, tiene algo a ver con esto. Me parece que sostener que pueda surgir algo nuevo, que la transferencia no es necesariamente sólo una repetición del pasado sino que nuevos hechos son posibles, que nuevas formas de sentir y pensar, nuevas experiencias de vida o de análisis pueden producir cambios en la mediana edad y la vejez es un tema difícil para muchos analistas. La capacidad negativa, que aprovechó Bion de Keats, es todavía un ejercicio difícil.

GJM: Yo creo que seguimos muy sometidos al superyó de Freud.

CLE: Ciertamente.

GJM: Me parece que aquello que no cabe espontáneamente dentro de la clásica teoría freudiana requeriría que alguien nos diera permiso para sostenerlo. Por otra parte yo creo que tenemos que preservar mucho el pensamiento de Freud y cuidarlo porque es muy riguroso, cuidadoso, y nos sigue siendo útil permanentemente. Es como el riesgo de proponer cualquier pequeña modificación de la técnica: hay que tener cuidado de plantear fácilmente una eventual modificación de la misma, porque podemos dejar de ser psicoanalistas fácilmente. Pienso que una respuesta, y sobre esto no se qué piensa Alicia, pero a mí me parece que sería como la necesidad de un padre que no nos autorizara ...

CLE: Y además nuestro padre ha dicho en determinado momento que las personas de más de cincuenta años de edad no son educables ...

AMC: No son analizables.

CLE: Hay una respuesta muy buena de Abraham diciendo que lo que importa no es la edad del paciente sino la edad de la neurosis. Pero me parece que es una buena hipótesis, porque de hecho se tendría que cambiar o ampliar la teoría freudiana, aunque tampoco las otras teorías dejan espacio para eso, tampoco la teoría kleiniana o la teoría bioniana, aunque, quizás la teoría bioniana con esa idea de la ampliación o de la expansión de la mente podría, pero, en cualquier caso, es una nueva conceptualización …

GJM: Sí, y a mí me parece bien poder buscar este apoyo entre los colegas. Usted incluso menciona lo de Erikson, claro, se le entiende como psicólogo del yo, como si fuera una segunda categoría teórica.

CLE: Así es.

GJM: O como muchas veces discutimos con Alicia: hablar de identidad, como un concepto generalmente mal visto en psicoanálisis. Yo pienso que necesitamos reconsiderar esto.

CLE: Por supuesto, es algo muy importante.

GJM: Coincido totalmente.

CLE: Muchas gracias.

GJM: Los agradecidos somos nosotros.

CAPÍTULO SIETE

La inevitabilidad del sufrimiento humano ...

Haydée Faimberg (Francia)

Antes de abordar este tema deseo aclarar el marco de mi reflexión. En efecto, la perspectiva desde la que empiezo a escribir este artículo no es común. Cualquiera que sea la definición que le demos a la "mid-life crisis", esta definición estará en consonancia con el punto de vista teórico-clínico que hemos elegido. Ahora bien, por mi parte descubro que no he utilizado este concepto en ninguno de mis trabajos. Por otra parte cuando una persona que conozco pasa por cierta calidad de crisis no es infrecuente que piense en términos de "mid-life". Incluso si ignoro todo lo que podría llevarme a pensar que esta persona en particular sufre esta crisis, en relación a su funcionamiento inconsciente, fuera del marco dado por el método psicoanalítico.

En el momento en que se me propuso colaborar en este libro, pensé en la noción de ciclos de la vida de Erik Erikson. Sin embargo, lo que complica esta apertura es que no pienso en términos de psicología del yo, ni del self, ni de psicología evolutiva.

El nombre de Elliott Jaques, con su sobresaliente trabajo sobre las ansiedad primitivas depositadas en las instituciones, ha estado siempre muy presente en mi pensamiento analítico. Cuál fue mi sorpresa cuando, sumida en la escritura del presente trabajo, descubrí la existencia de *La muerte y la crisis de la mitad de la vida* (1965). Cuando se asociaba con anterioridad el nombre de Elliott Jaques a la "mid-life crisis" yo lo hacía partiendo de las ansiedades primitivas depositadas en los diferentes encuadres temporo-espaciales del transcurrir de la vida. El encuadre analítico era el lugar privilegiado para revivir estas vicisitudes, siguiendo el clarificador estudio de Bleger que utiliza el encuadre visto como una institución.

El descubrimiento tardío del artículo de Jaques hizo que el modo en que había imaginado comenzar este capítulo con referencia a la *La divina comedia* y al cambio drástico que alguien puede dar a su vida, como fue el caso de Gauguin quedara obsoleto. En Francia el "Oulipo"—grupo literario al que pertenecieron Raymond Queneau, su fundador, Georges Perec, Italo Calvino y tantos otros—habría hablado con humor de "plagio por anticipación", reinvirtiendo con ironía la dirección de la flecha del tiempo y la responsabilidad de la copia, en mi caso por ignorar la existencia del original.

¿Cómo se escucha la crisis de la mediana edad?

Deseo mencionar la posición contra-transferencial (Faimberg, 1989) en la que estuve escuchando a un paciente en una sesión reciente, en un momento muy particular, en el que yo estaba tratando de entender por qué yo nunca había recurrido a la noción de "mid-life" en mi escucha analítica ni en mis escritos, sobre todo teniendo en cuenta que he escrito un ensayo sobre la reconstrucción en análisis de adultos de los conflictos de la adolescencia. Que esté en este momento absorbida por el problema que estoy tratando de resolver forma parte de mi funcionamiento psíquico y puede en ciertas ocasiones condicionar mi posición contratransferencial y requerir, para reestablecer su pertinencia transferencial, de un análisis de este elemento personal para determinar cómo interviene en el proceso transferencial.

Yann (que está en análisis desde hace tres años a razón de cuatro sesiones semanales) llega a su sesión muy agitado y transpirando—a pesar de que está empezando a nevar—y muestra dificultades para caminar.

YANN: "Me duele muchísimo la espalda. Es duro envejecer, yo no quiero admitir que mi cuerpo ya no es el que tenía a los veinte años. Cada vez que aparece este dolor me humilla mostrar al resto del mundo que estoy envejeciendo."

Yann vino a análisis porque no podía encontrar sentido a su vida desde que su madre falleciera unos años atrás. Abandonados por el padre de Yann, habían sido muy pobres y ahora que había podido dar a su madre la vida que merecía—es un creador muy reconocido—, con su muerte, había desaparecido la motivación necesaria para tener éxito en su trabajo. Con su análisis parecía haber recuperado el entusiasmo por vivir y por crear.

Pensando retroactivamente en este primer fragmento de sesión podemos decir que Yann nos habla del impacto que tiene su cuerpo en su psiquismo: la herida narcisista nacida de confrontar su ilusión de una eterna juventud implícita en "este dolor lo siento como una humillación" o "yo no quiero saber que mi cuerpo no es ya el que tenía a los veinte años" con la experiencia de un cuerpo que envejece.

El cuerpo le obliga a hacer un trabajo psíquico. Si lo enfocamos desde la problemática del duelo, el duelo por la ilusión de una juventud eterna, aunque también podríamos formularlo en términos de duelo por sí mismo joven.

Cuando los mensajes del cuerpo son procesados psíquicamente, "His Majesty the Baby" (Freud, 1914c) vuelve a activarse. Si las exigencias del yo ideal lo eternizan en un joven resplandeciente para seguir siendo aceptado por un ideal del yo exigente, el paciente no podrá tolerar cambios que hieran su frágil narcisismo. Yann se muestra humillado ante "el mundo entero". Freud al referirse a las tres heridas narcisistas que sufrió la humanidad escribe que el yo se cree amo en su morada, "centro del mundo" (Freud, 1917a).

El mundo en la transferencia lo reflejará como ... ¿pasando la "mid-life crisis"? Y si es así, ¿qué quiero decir con ello?

La coincidencia entre lo que yo desearía encontrar y lo que el discurso de Yann parece privilegiar para mi escucha (¿flotante?) me incita a esperar. Lo que deseo encontrar es algo dentro de lo que dice el paciente que me lleve a pensar explícitamente por primera vez en términos de "mid-life crisis".

Me he referido a la escucha narcisista por parte del analista (Faimberg, 1981, 2001). Mi escucha en este caso corre el riesgo de ser una 'escucha tautológica' puesto que encontraría lo que estoy buscando: algo que esclarezca mi postura sobre este nuevo problema y a su vez facilite un mejor encuentro con mi potencial lector.

Tras esta reflexión retroactiva hecha fuera de la sesión volvamos a la sesión de Yann. Después de un silencio reflexivo Yann habla en un tono vibrante, apasionado. Me sorprenden tanto el estilo como el contenido de su relato.

YANN: "Debo decirle que mi mamá sufrió espantosamente toda su vida de un dolor de espalda invalidante. Cuando no trabajaba sin parar, se quedaba recostada sufriendo muchísimo [...]. Ya le hablaba de los recorridos que hago por las calles de Paris, en particular cerca de aquí. Es una cosa que hago desde muy pequeño. Siempre explorando lugares. Y es lo que hoy estuve haciendo antes de venir a mi sesión" Imagino en ese momento que Yann ha corrido para llegar a tiempo a su sesión, después de esa caminata tan particular.

En una supervisión con Bion en 1968, en la que se refería a la posición de escucha del analista, dijo que "sin memoria ni deseo", pero añadió que si en el transcurso de la sesión el discurso del paciente convocaba una asociación del analista a lo sucedido en una sesión previa, era válido utilizarla ya que no entraba en contradicción con su precepto de no tener memoria (Faimberg, 2000).

Asocio en ese momento que en la sesión del día anterior me había hablado de esos recorridos, en particular cerca de mi consultorio que, añadió, está ubicado en el barrio de su infancia. En aquella sesión le interpreté en primer término: "Nuestro espacio analítico está muy cerca de su infancia."

Yann asoció que no puede salir a la calle sin tener bastante dinero en el bolsillo ... La cifra correspondería a lo que cuesta un billete en tren para viajar al país donde vive parte de su familia—no dijo de qué huiría.

ANALISTA: "Como si estuviera buscando un lugar para esconderse de algún peligro o escapar."

YANN: "Mi familia vivió escondida durante toda la ocupación. Una parte escapó a la zona libre; cuando los alemanes más tarde la invadieron un vecino denunció a un tío mío que sólo tenía doce años y estaba jugando en la calle. Se lo llevaron los Nazis y seguramente murió en un campo de concentración, nunca lo supimos."

Volvamos ahora a la sesión que estamos considerando. Lo que asocié en esta sesión y que había sido un descubrimiento en la sesión anterior, ya no lo era en esta. Por todo lo que venimos diciendo me limité a comentar, en una formulación abierta, que Yann seguía buscando lugares ...

YANN: "Sí ... es donde me encuentro con mi madre—recordemos que su madre había muerto hacía varios años. Hace poco estuve en uno de esos rincones ... es un momento de encuentro con ella, de encuentro absoluto, una especie de éxtasis ... pero solamente un momento ... no dura demasiado tiempo ... el resto del tiempo sigo trabajando y creando y me siento muy bien." Yann parece muy excitado y continúa: "Yo creo que este dolor, es el dolor de espalda de mi mamá. El dolor de mi espalda, es el dolor de espalda de mamá. Me duele la espalda de mamá. Estoy con ella, en su compañía." Yann está casi gritando.

Lo que marca mi elección interpretativa es la sorpresa que siento cuando habla con tanta exaltación y me hace partícipe de un descubrimiento que también le sorprende: " ... El dolor de mi espalda, es el dolor de espalda de mi mamá. Me duele la espalda de mi mamá ... ." A lo que el analista responde: "Un dolor que esconde un placer privilegiado y secreto de unirse para siempre con mamá. Es un dolor lleno de placer, un placer al que es difícil renunciar." Yann escucha con atención, hace un gesto de aprobación e inmediatamente se calma.

En esta sesión los lugares secretos ya no se refieren a una historia que precedió a su nacimiento—como en la sesión previa—sino a su relación secreta con su madre.

"Me duele la espalda de mi mamá" es una enunciación que nos permite acceso a ambos—paciente y analista—a una nueva escena inconsciente. El cuerpo de Yann "doliente que envejece", es a la vez y en otro nivel, el cuerpo doliente de la madre joven—"mi mamá sufrió espantosamente toda su vida"; el cuerpo de Yann ligado eróticamente al cuerpo de su madre; el cuerpo de la madre que envejece ... una madre que no termina de morir ...

El acceso a la escena inconsciente descubierta en esta sesión se trató como una interpretación relativa al envejecimiento de Yann como tal, no como un potencial contacto con su propia finitud.

Tuve en cuenta que Yann tiene alrededor de cincuenta años. Con otros pacientes he tenido en cuenta su edad actual. Pero en mi recuerdo lo he hecho ligándolo, por ejemplo, a que se acerca la edad en que su propio padre falleció—a veces de forma prematura. En otras circunstancias no ha sido tanto la edad la que era objeto de análisis, sino el hecho de que el paciente esté ahora en la posición de padre. Sin embargo, volveré sobre este tema más adelante.

Esta dificultad de utilizar en la sesión analítica el concepto de mediana edad me lleva a recordar una consideración de Freud vista desde otro ángulo en *El porvenir de una ilusión*: "Lamentablemente sólo podemos cambiar la miseria neurótica en el sufrimiento humano común"—sostuvo Freud mientras escuchaba un caso que presentaba René Laforgue (1956).

Después de haber analizado durante dos semanas su relación con su propio "padre abandonante" y la complicidad que tenía con su madre cuando ella se quejaba de tal abandono, Yann me sorprende con una sesión, de la que resumiré un fragmento, donde se trata la nueva posición que va adquiriendo como padre de su propio hijo.

YANN: "Me doy cuenta de que lo que le exigía a mi hijo era que me ayudara a recuperar el tiempo perdido. Lo que no le di, no se lo di y tengo que asumirlo. No es cuestión de que mi hijo que ya es adulto, acepte ir a la calesita y que pida que le compre helados. Ahora me doy cuenta de que ése era el escenario que yo de alguna manera tenía preparado para él: afortunadamente se resistió a entrar en él—sonríe con ternura e ironía a la vez. Mi sorpresa es que liberando a mi hijo, siento que mi propio espacio se libera. Debo a mi hijo el hecho de que él se haya resistido a mi intento. Así dejamos de estar en la cárcel que yo estaba preparando para nosotros al obligarle a que estuviera todo el tiempo conmigo, que me dijera que me quiere, que hiciera y dijera lo que yo necesitaba oír ... Lo que perdimos, está perdido. Ahora es cuestión de vivir intensamente, feliz, cada momento. No sé cuantos años me quedan de vida ... sin duda muchos, pero no es cuestión de seguir sacrificándonos—él y yo—eternamente ... A la noche no solamente sueño, sino que de manera tranquila reviso lo que hice durante el día, y dejo que mis pensamientos fluyan ... pienso en mis pensamientos como usted me escucha a mí ... será eso descubrir el inconsciente? No tener que pensar y controlar cada cosa que voy haciendo ..."

"Mi mamá murió, con ello se llevó su propia fuerza. Se murió ...."

"No deseo dejar de trabajar como estaba intentando hacer, tengo treinta años de trabajo consolidados y me he hecho un nombre en la profesión. He adquirido una cierta independencia y no necesito copiar a nadie o intoxicar mi vida creándome una ambición innecesaria. Todo esto es muy valioso.

Preguntas provisionales en este punto de mi reflexión

En el caso de Yann ninguna interpretación de las propuestas se refiere al envejecimiento del analizando como tal. Es el paciente mismo—en la última sesión mencionada—quien trae la problemática de la finitud, incluso una pregunta sobre *su propia* finitud. Después él habla de atemperar sus ambiciones, de la aceptación de las pérdidas en distintos niveles, del reconocimiento de la alteridad y de la relación entre las generaciones. Comienza a situarse como sujeto en relación con su inconsciente y se apoya en la función simbólica de mi escucha en la transferencia. "Yo sigo mis pensamientos a la manera en la que usted me escucha ... ¿es esto el descubrimiento del inconsciente?"

En todo este contexto, es la primera vez que acepta la muerte de su madre. La diferencia entre duelo y melancolía está subrayada por la aceptación de pérdidas en muchos niveles, por la temática de la temporalidad y por la recuperación de su autoestima.

El horizonte en que sitúo esta sesión es el de su nueva posición como padre de su propio hijo aceptando su propia responsabilidad como padre abandonante (identificación inconsciente con su propio padre y erotización del lazo con su propia madre).

¿Estaré considerando implícitamente que lo que queda como resto de lo que vamos analizando pertenece, según Freud, a la categoría del "inevitable sufrimiento humano"?[1]

Lo inevitable propio del pasaje del tiempo y de la finitud del ser humano, ¿se presentará como un resto que insiste igual y en forma diferente, en cada vuelta de la espiral dialéctica del análisis? (Pichon-Rivière, 1957, 1959)

La crisis epigenética de Erik Erikson y la posición contra-transferencial

Erikson sostiene que "pensar en una cierta crisis de identidad adolescente podría reducir el fatalismo de algunos diagnósticos tales como la esquizofrenia".[2] (Evans, 1967, 99)

Desde lo que podríamos llamar *la posición del paciente*, Erikson dice: "En una cultura con sobre-definición de las enfermedades mentales es un peligro para el paciente adquirir lo que yo llamo identidad como paciente. En un mundo ansioso por diagnosticar y tipificar, podría suceder que un paciente joven cuyo problema fuera particularmente una crisis de identidad, se transformara en algo muy deseable de ser diagnosticado, y que asumiera el rol que el diagnóstico le sugiere. Este tipo de pacientes se sienten muchas veces mejor siendo integrados como pacientes que como no-pacientes.[3] (Íbid, p. 99)

Aunque sus ejemplos se refieren a la adolescencia, estos nos llevan a comprender qué función tiene para él su conceptualización de las etapas epigenéticas: le permiten sorprenderse con lo que un paciente particular le dice, sin tener que escucharlo desde una nosografía reificante.

Si pensar en términos de "etapas epigenéticas"—mid-life crisis, para el tema que estamos tratando—habría podido constituir una resistencia para que el analista escuchara un conflicto específico de su paciente dentro de su singularidad, para Erikson se convierte en la apertura hacia lo desconocido, hacia lo nuevo.

A la pregunta sobre el grado de transformación que un paciente puede lograr en la edad adulta, mi respuesta es que los cambios ocurridos en el proceso analítico demuestran, precisamente, que la posibilidad de cambio existe. Esta es la postura que también sostiene Loewald (1960):

> Otra consolidación sucede normalmente hacia el final de la adolescencia, otras posteriores, a menudo menos marcadas y menos visibles, suceden en otras etapas de la vida diferentes. ... Erikson describió cierta tipología de esos períodos ... con subsiguientes nuevas consolidaciones y crisis de identidad.

Nachträglichkeit *y miedo al derrumbe*

El punto de vista desde el que estoy explorando el concepto de mid-life crisis deja de lado una temporalidad lineal o cronológica para recurrir a la operación freudiana de la *Nachträglichkeit*.

Recordemos algo esencial: en la operación de *Nachträglichkeit* hay, y debe haber, dos fases. Una primera fase que prefiero llamar de *anticipación* (Faimberg y Corel, 1989) y otra fase en la que es denominada una *significación retroactiva*.

Propuse (Faimberg, 1998) que Winnicott en *Miedo al derrumbe* (1974) presenta—a mi entender por primera vez—una forma de temporalidad que puede ser paradigmáticamente equiparada a la operación de *Nachtraglichkeit*—concepto que Winnicott nunca utilizó explícitamente.

Como sabemos, Winnicott escribe que algunos pacientes viven en el temor de un derrumbe, que, están convencidos, acontecerá inexorablemente en el futuro y dice que en realidad ese derrumbe *ya* tuvo lugar, en un tiempo en que, propiamente hablando, no existía sujeto que pudiera experimentarlo.

Tal y como yo lo entiendo, en su trabajo, Winnicott se refiere a una "agonía primitiva" constitutiva de "algo que ya está allí" y centra su reflexión en el concepto freudiano de *Hilflosigkeit*, en el desamparo inicial al que está sometido el bebé debido a su prematuración. Desde la perspectiva que propongo, ese "algo que ya está allí" constituye la fase de *anticipación*, a la que, de forma *retroactiva*, se dotará de palabras significativas por vez *primera*. Winnicott establece una relación significativa inédita, entre presente y pasado—vivido como futuro—, con lo que establece un vínculo temporal. Se trata de la operación de *Nachträglichkeit*.

En el miedo al derrumbe el paciente experimenta la angustia de *no-ser*. En la construcción propuesta por Winnicott esa angustia *ya* tuvo lugar e implica con ello que el paciente *sobrevivió* a su *Hilflosigkeit*.

Ampliando en cierta medida la perspectiva de Winnicott, el reconocimiento de nuestra inevitable finitud puede ser vista como un miedo a la muerte que *ya* tuvo lugar. Esta perspectiva nos llevaría a pensar que la muerte propia, aunque inexorable, es desmentida del mismo modo en el que la castración es desmentida en la sexualidad. J. B. Pontalis (1976) sugiere que el análisis de la sexualidad puede ser una resistencia a analizar nuestra finitud. Otros analistas sugieren la resistencia rigurosamente inversa, nuestra propia muerte puede ser estudiada como herida narcisista frente a nuestra inexorable finitud, y como angustia catastrófica ante la posibilidad de "no-ser".

Ya nos hemos preguntado si es posible analizar frontalmente la inevitable muerte de nuestra condición humana o si en análisis nos enfrentamos a las distintas versiones que en el transcurso de la vida re-actualizan las angustias primitivas.

¿Aquello que insiste como resto sería una "presentación" (*Darstellung*) que se reactualiza en distintos contextos de nuestra vida y que nos llevaría en su insistencia a reconocer, en la medida que podamos, nuestros límites, el inevitable pasaje del tiempo?

"La caza del Snark" y la muerte

A propósito del magnífico poema de Lewis Carroll, "La caza del Snark", recuerdo ciertos versos así como el análisis que propuse (Faimberg, 1977). Podemos así explorar qué es lo que ya he escrito a propósito de la muerte.

Se trata de un panadero que olvidó su propio nombre, y que al oír pronunciar la palabra "Snark" pierde el conocimiento y que luego explica su desmayo. Lewis Carroll pone en boca de uno de los protagonistas de esta singular cacería las siguientes palabras:

> Un querido tío mío (cuyo nombre yo llevo)
> …
> «me advirtió ese día», dijo ese hombre dulcísimo,
> «si tu Snark es un Snark, está bien:
> …
> Pero, oh, radiante sobrino, cuídate del día
> en que tu Snark sea un Boojum! Porque entonces
> callada y repentinamente desaparecerás,
> *¡y nunca más te volverán a encontrar!"* (énfasis mío)

Siento curiosidad por ver qué análisis hice *entonces* sobre la inexorabilidad de la muerte:

> *La aparición de la angustia de muerte y el desmayo, denuncia la posibilidad de la desaparición del sujeto de manera definitiva. Implica, por otro lado, la noción insoportable que cada uno de nosotros tiene de que él va a morir. Muerte, vacío e interrupción de toda significación.* El terror sin nombre que menciona Bion (1962), el objeto "(a)" de Lacan (1965), más adelante desarrollado por Green (1973) y Leclaire (1971), la "angustia catastrófica que evita el fóbico (Mom, 1960). (Faimberg, 1977) (énfasis agregado en este texto)

Jorge Mom (1960) habla de *modalidades fóbicas*. Considero que anticipa, desde su propia perspectiva, la conceptualización que hará posteriormente Green de una *posición central fóbica*. Encuentro así con sorpresa que en ese texto de 1977 tengo en cuenta la noción, insoportable, de reconocer nuestra finitud humana. Noto también que la yuxtapongo a otras angustias primitivas mencionadas por distintos autores. En un solo momento del análisis del poema hago excepcionalmente una mención al pasar sobre la *edad real* de Lewis Carroll en base a la repetición en el texto del número cuarenta y dos (mid-life?).

Notemos ahora que el panadero enuncia en un primer tiempo una profecía pronunciada por su tío (*callada y repentinamente desaparecerás, y nunca más te volverán a encontrar*). Luego en un segundo tiempo, inimaginable, se sitúa en relación a su propia muerte: desaparecer radicalmente (Yo desapareceré súbita y suavemente, ¡y no apareceré nunca jamás!). La angustia de la desaparición es primero vista *desde la perspectiva de los que quedan vivos*. Hay un *alguien* para no encontrar a *alguien*, lo que es tal vez más soportable que el segundo planteamiento: desaparecer *para nadie*.

Nadie muere totalmente hasta que no ha muerto la última persona que le ha conocido directamente, decía Arthur Schnitzler en un bello e inquietante cuento.

En este punto de mi análisis habría podido figurar la transmisión prospectiva entre generaciones; la ilusión de inmortalidad que se encarnaría en ellas ... y con la obra que dejaremos (para aquellos que ponemos pasión en lo que hacemos).

Mi nivel de análisis ha sido diferente. Al final del poema el panadero encuentra el Snark:

> "Suave y repentinamente había desaparecido ...
> Porque el Snark *era* un Boojum, *como ven*" (énfasis mío)

Esta es mi tesis: El poema es un final poético-profético construido retroactivamente y en el que a través de la aventura literaria de la creación de un "sin sentido", la desaparición del sujeto se efectiviza a través de encuentro absoluto de dos significantes: snark-boojum. Cualquiera de ellos se convierte en el significado del otro, y así se detiene de una vez y para siempre, la búsqueda incesante de significados que posibiliten a este sujeto vivir en el mundo (Faimberg, 1977).

Concluyo, en esta reflexión retroactiva sobre mi lectura de Lewis Carroll que, aunque en algún momento consideré la mortalidad inevitable del ser humano, en última instancia el eje de análisis considera este poema como una metáfora de la creatividad y de las vicisitudes de la *muerte simbólica*. Encuentro aquí una de las razones por las que me interesó que Erikson separase el ciclo vital de la generatividad (creatividad) donde la muerte es simbólica, del que corresponde a la adultez tardía (fase ocho), donde se centra en el reconocimiento de la muerte inevitable.

Generado para generación de generaciones

Al referirse a la fase siete, de las ocho que comprende su estudio, adultez, Erikson se refiere a su concepto clave, generatividad versus estancamiento.

Añade que generatividad no es una palabra elegante, pero implica que *genera*. Creatividad sería una palabra más adecuada pero no quiso que evocara que genera un genio, sino una cualidad universal, que nos concierne a todos (Evans, 1967).

Además en generatividad está incorporada la palabra generación: *"Con generatividad quiero incluir todo aquello que se genera de generación en generación: los hijos, productos, ideas, obras de arte"* (Evans, 1967) (énfasis mío). Esta apertura dada por lo que es *"generado entre generaciones"* me permite conectar con un tema sobre el que sí he trabajado.

La Configuración Edípica y su dimensión narcisista

Tomaré la opción de explorar cuál es mi posición con respecto a la noción de mid-life desde la perspectiva de mi experiencia clínica y apoyándome en temáticas *ya* estudiadas, en particular la relación entre generaciones y el reconocimiento de la alteridad; la articulación entre el funcionamiento psíquico narcisista del paciente y su conflictualidad edípica.

Para articular por un lado la relación entre tres generaciones y por el otro el funcionamiento narcisista y el funcionamiento edípico, he propuesto el concepto de "Configuración Edípica" y su dimensión narcisista:

> Esta incluye tanto el complejo de Edipo y la (re)construcción en el mundo interno del paciente de una cierta visión acerca de cómo los padres reconocieron su "alteridad" y la significación de ellos para el paciente, sea hombre o mujer. Esta versión tiene consecuencias en la manera en que el paciente organiza sus conflictos edípicos.
> (Faimberg, 1993a, 1993b, 2005)

El reconocimiento de la alteridad (aquello que el "otro" *es* y *desea*) y de la diferencia entre las generaciones es un momento de pasaje que marca una transición desde una modalidad narcisística de funcionamiento hacia una modalidad edípica (Faimberg, 1993).

Considero que las "identificaciones inconscientes narcisistas alienantes" donde hay "telescopaje de tres generaciones" se encuentran en *todo* análisis avanzado. Si hemos trabajado analíticamente esta problemática en profundidad es probable que el proceso de dar, una vez más, nueva significación retroactiva a la relación entre generaciones y al reconocimiento de la alteridad se reinicie cuando el paciente llegue a la posición de devenir padre, o madre (o analista con tareas de transmisión)—dejo de lado otras posiciones creativas.

Un paciente volvió a preguntarse "quiénes fueron mis padres para mí, ahora que mi hijo evoca en mí un sentimiento tierno, un interés particular que a su vez evoca mi propia infancia. Cuando mi madre me contaba situaciones de mi infancia yo temía que ella se estuviera apoderando de mi historia propia y se entrometiera en mi vida, imponiendo su propia versión."[4]

"Ahora a partir de la experiencia que tengo con mi hijo reconozco que mis padres también tenían una vida propia, diferenciada de mi, reconozco, con ternura, mi propia dependencia hacia ellos en el pasado y todo el empeño que pusieron en entenderme."

Este cambio de posición entre las generaciones coincide con un momento (lógico) en que se organizan las respuestas, o mejor aún, se organizan las preguntas que conciernen la relación entre generaciones y la alteridad:

> "¿Qué querían mis padres de mí, qué esperaban de mí, qué es lo que espero de mis hijos, qué es lo que son y desean ellos, qué es lo que vuelvo a entender de mi relación con mis padres a través de mi relación con mis hijos ...?"

Con el analizando que vengo mencionando, habíamos podido (re)construir las múltiples versiones intra-psíquicas del modo en que los padres habían reconocido la alteridad de su hijo y el hecho de que fuera un varón. Cierto tipo de relación que resultó inevitablemente intrusiva en un momento dado (en la niñez, en la adolescencia) ahora puede ser revisada con un nuevo significado retroactivo a partir de la pregunta "¿quién soy yo para mi hijo, quién es mi hijo para mí?". Cambia la perspectiva del análisis: "esto que viví con mis padres cuando trataba de adquirir mi autonomía (proceso que vivía como una intrusión viniendo de ellos y como una apropiación de mi propio espacio vital), ahora puedo experimentarlo desde una posición complementaria que me permite superar ciertas ansiedades de intrusión y de apropiación. La pregunta "quiénes han sido mis padres para mí" me lleva a la pregunta "qué es ser padre". Condición de posibilidad para una transformación mutativa.

Esta relacion entre generaciones se da, de otra forma, en la transmisión del análisis o en la transmisión de un saber. El hecho de que ahora pueda enseñar a analistas en formación, me pone tambien en posición, una vez más, de reconocer lo que he recibido de mi propio analista, de mis supervisores, de los diálogos con mis maestros, de una filiación humana y de ideas; todo lo cual vuelve menos crítica la finitud inevitable de nuestra obra (nunca podríamos realizar todos nuestros proyectos) y en última instancia de nuestra vida.

El Mito de Edipo y el Padre Narcisista

Re-visitando el mito de Edipo, he considerado que, si bien Edipo consulta al oráculo porque se le dijo que no se parecía a sus padres (una pregunta inconsciente sobre sus orígenes, sobre algo que *ya* ha tenido lugar), pide en cambio al oráculo una respuesta en cuanto a su *destino*. Considera como un problema de futuro lo que, en realidad, es un problema de pasado. En esto seguimos una perspectiva similar a la que propusimos para el miedo al derrumbe y a la *Nachtraglichkeit*.

Edipo no pregunta por un destino abierto aún no escrito, sino por un futuro regido por la lógica de la tragedia: el destino de Edipo está contenido en su propio origen.

La respuesta del oráculo explicita lo que ha significado *para Layo* el tener un hijo: todo hijo (aún antes de ser concebido) será necesariamente parricida e incestuoso. Mi conclusión ha sido que "Layo es el filicida … de un parricida".

He considerado a Layo como paradigma del padre narcisista, y como tal *imagina un solo y único espacio psíquico*, un solo y único objeto de amor y de odio. Este espacio está dominado, precisamente, por el padre narcisista.

Este modo de funcionamiento aporta una solución narcisista a la rivalidad edípica. Uno debe vivir y el otro morir: es la lógica del "filicidio-parricidio".

La temporalización con una apertura al futuro, un proyecto, es lo que indica que la figura de un padre, a diferencia de la de un padre narcisista, es la de un padre edípico: "Cuando seas mayor tendrás una mujer tan deseable como tu madre, pero no será ella, porque ella es mi esposa: será alguien que elegirás tú". Es lo que conviene llamar un proyecto exogámico para su hijo: la muerte del padre es una muerte simbólica. El padre sobrevive, una y otra vez, a la violencia del hijo.

"Mientras considero el status del padre narcisista, intento evitar las consecuencias de una teoría solipsista basada exclusivamente en la proyección. No debiera darse por garantizado que el padre narcisista es *siempre* y *solamente* la consecuencia de la proyección: nosotros (re)construimos la manera en que podría haber intervenido el objeto original a favor o en contra de lo que podría vagamente denominarse un *abandono edípico*" (Faimberg, 1993b) (énfasis mío).

Curiosamente he hablado de identidad una sola vez, y lo he hecho a propósito de cambios que generan conflictos entre identificaciones incompatibles (entre identificaciones inconscientes estructurantes e identificaciones inconscientes narcisistas alienantes) (Faimberg, 1981/1985/2005, p. 18).

¿Qué harán de mi doctrina después de mi muerte?

Qué amargura mostró Freud cuando se preguntó delante de mí:

> *¿Qué van a hacer de mi doctrina después de mi muerte? ¿Tendrá aún algo que ver con mi propio pensamiento?*

Es Maryse Choisy quien habla, quien añade que era verdaderamente una pregunta que acosaba a Freud, la prueba es que se la había formulado también a Charles Baudouin (1956).

Freud en vida se dedicó a ser garante de su pensamiento y de lo que iba creando. En esta frase su angustia de muerte se refiere al destino que tendrá su creación cuando no esté vivo para legitimarla. Como entiendo yo su frase—contextualizada por lo que sé de su vida—podría enunciarse en estos términos: mi ideal de inmortalidad lo centro en el inmenso trabajo de creación que vengo haciendo a lo largo de mi vida. Mi angustia de muerte ya no se centra en mi cáncer contra el que lucho todo lo que puedo sino en el destino que tendrá mi obra para la que deseo la inmortalidad, siempre que ella me represente y en consecuencia me mantenga vivo respetando mi pensamiento.

Hoy es una cuestión importante plantearse si nuestra aportación al pensamiento psicoanalítico respeta su pensamiento y al mismo tiempo lo transforma en un espiral dialéctica. Difícil decidir qué significa no traicionarlo. Cómo diferenciar por un lado un respeto por las fuentes, una creatividad transformadora que Freud hubiera reconocido como heredera y aceptado en su filiación, y por otro lado, una fetichización, una conservación religiosa.

Curiosamente Freud inició el período de máxima creatividad en un segundo momento de su vida—¿mediana edad?—en el que integró su experiencia con Charcot, sus lecturas filosóficas, de antropología, su amor por la literatura … El premio Goethe, por un lado desconocimiento de lo que venía creando, es también por otro un reconocimiento de su maravilloso estilo.

Max Schur (1972) le garantizó que la lucha por sobrevivir a su cáncer tendría el límite que el propio Freud decidiera. Cuando Anna se vio en peligro por la Gestapo, Freud aceptó salir de Viena, y yo no puedo menos que pensar que la fecha en la que Freud decidió su muerte está ligada a la declaración de guerra de la Alemania Nazi, y al hecho de sentir que a través de Anna, en la seguridad de Londres, su obra sería cuidada.

Nada podemos decir sobre cuál fue su angustia frente a la incertidumbre sobre el destino de su pensamiento …

Notas

1. "Inevitable ordinary human suffering".
2. Traducción de la autora
3. Traducción de la autora.
4. Para las "funciones de apropiación y de intrusión" con que propuse caracterizar la regulación narcisista de objeto, véase: Faimberg, 1981/ 1985, p. 10, 2005.

Bibliografía

Baudouin, C. Ma rencontre avec Freud. *Psyché* 107–108, Numéro spécial: Freud, 1956.

Bleger, J. *Psicología de la conducta.* Paidós, Buenos Aires, 1967.

Choisy, M. "Qu'est-ce qu'ils en feront?": Souvenir de mes visites à Freud, *Psyché* 107–108, Numéro spécial: Freud, 1956.

Evans, R. *Dialogue with Erik Erikson.* Harper and Row, 1967.

Faimberg, H. (1977). «The Snark was a Boojum»: para leer a Lewis Carroll. En: *El telescopaje de generaciones. A la escucha de los lazos narcisistas entre generaciones.* Amorrortu, Buenos Aires, 2006.

Faimberg, H. (1981/1985). El telescopaje [encaje] de generaciones: genealogía de las identificaciones alienantes. En: *El telescopaje de generaciones. A la escucha de los lazos narcisistas entre generaciones.* Amorrortu, Buenos Aires, 2006.

Faimberg, H. (1981). «La escucha de la escucha»: una contribución al estudio de las resistencias narcisistas. En: *El telescopaje de generaciones. A la escucha de los lazos narcisistas entre generaciones.* Amorrortu, Buenos Aires, 2006.

Faimberg, H. (1993). La dimensión narcisista de la Configuración Edípica. En: *El telescopaje de generaciones. A la escucha de los lazos narcisistas entre generaciones.* Amorrortu, Buenos Aires, 2006.

Faimberg, H. (1993b). El mito de Edipo «revisitado». En: *El telescopaje de generaciones. A la escucha de los lazos narcisistas entre generaciones.* Amorrortu, Buenos Aires, 2006.

Faimberg, H. Whom was Bion addressing? "Negative capability" and "Listening to listening". En P. Bion Talamo, F. Borgogno & S. A. Merciai, *W. R. Bion Between Past and Future).* Karnac, London, 2000.

Faimberg, H. (2001). El discurso narcisista como resistencia a la escucha psicoanalítica: un clásico sometido al test de la idolatría. En: *El telescopaje de generaciones. A la escucha de los lazos narcisistas entre generaciones.* Amorrortu, Buenos Aires, 2006.

Faimberg, H. (2005). *El telescopaje de generaciones. A la escucha de los lazos narcisistas entre generaciones.* Amorrortu, Buenos Aires, 2006.

Faimberg, H. *"Après-coup"* Psychoanalytic Controversies, *Int. J. Psycho-Anal, 86*: 1–13, 2005.

Faimberg, H. Plea for a broader concept of *Nachträglichkeit. The Psychoanaytic Quarterly, 76*: 4, 1221–1240, 2006.

Faimberg, H. Après-coup et construction. *Revue Française de Psychanalyse,* 2: 473–486, 2009.

Faimberg, H. (1998). *Nachträglichkeit* and Winnicott's Fear of Breakdown. En: J. Abram (Ed.), *Winnicott Today.* Routledge, London, 2012.

Faimberg, H. "Well, you'd better ask them": The countertransference position at the crossroads. En: R. Oelsner (Ed.), *Transference and Countertransference Today,* próxima edición, 2011.

Faimberg, H. y Corel, A. (1989). Repetición y sorpresa: la construcción y su validación. En: *El telescopaje de generaciones. A la escucha de los lazos narcisistas entre generaciones.* Amorrortu, Buenos Aires, 2006.

Freud, S. (1914c). *Introducción del narcisismo.* A.E., Buenos Aires, 14.

Freud, S. (1917a). *Una dificultad del psicoanálisis.* A.E., Buenos Aires, 17.

Laforgue, R. Freud et son génie. *Psyché* 107–108, *Numéro spécial: Freud*, 1956.

Loewald, H. (1960). On the therapeutic action of psychoanalysis. En *Papers on Psychoanalysis*. Yale University Press, New Haven, 1980.

Mom, J. Aspectos teóricos y técnicos en las fobias y en las modalidades fóbicas, *Revista de Psicoanálisis, 17*: 190–215, 1960.

Pichon-riviere, E. (1957–1959). Seminarios. En: *Teoría del vincula*. Nueva Visicón, Buenos Aires, 1980.

Pontalis, J. B. (1976). Sobre el trabajo de la muerte. En: *Entre el sueño y el dolor*. Sudamericana, Buenos Aires, 1978.

Schur, M. (1972). *Sigmund Freud: enfermedad y muerte en su vida y su obra*. Paidós. Buenos Aires, 1980.

Winnicott, D. W. (1963). El miedo al derrumbe. En: *Exploraciones psicoanalíticas I*. Paidós, Buenos Aires, 1991.

CAPÍTULO OCHO

Entrevista con *Glen O. Gabbard* (USA)

GJM: Nos encontramos con el Doctor Glen Gabbard y nos gustaría que se presentara de la manera que más le agrade.

GOG: Soy Glen Gabbard, Profesor de Psicoanálisis y de Psiquiatría en la Brown Foundation en el Baylor College of Medicine en Houston, Texas; soy también analista y supervisor didáctico del Houston/Galveston Psychoanalytic Institute.

GJM: Hemos preparado cinco preguntas—que usted ya ha leído— relacionadas con la mediana edad y nos gustaría conocer sus ideas al respecto. Sección Primera.—Definición: ¿Considera usted que existe y que es importante hablar de algo que pueda denominarse mediana edad?

GOG: Sí. La mediana edad es algo difícil de definir. Una definición simple sería decir que comienza cuando empiezas a tener problemas y que termina cuando los problemas cesan (risas). Esta no es una definición científica pero es una definición muy precisa. Puede suceder en cualquier momento desde los treinta y cinco hasta los cincuenta y pico años de edad, aunque ahora, con personas que están viviendo productivamente más allá de sus ochenta años, creo que las barreras numéricas son diferentes y quizás pueda darse un poco más tarde. Pero, en mi opinión, está relacionada con el momento en el que un individuo comienza a reconocer los límites de su omnipotencia, cuando se comienza a admitir que la vida no va a durar para siempre, que existe un cuerpo que está envejeciendo y un deterioro de la propia salud, y, por supuesto, a esto se une el tema existencial de la muerte y del sentido de la vida.

GJM: Muy bien. Creo que ha definido la mediana edad con lo que acaba de decir. ¿Quiere añadir algo más a lo que ya ha descrito como definición?

GOG: La otra cosa que añadiría tiene que ver con dos fenómenos generacionales. Uno es el envejecimiento de los propios padres y su eventual muerte, y el otro el hecho de que los hijos se conviertan en adolescentes y dejen el hogar, lo que se denomina "síndrome del nido vacío".

GJM: Dentro de esta Primera Sección: ¿Cree que existe una especificidad de la mediana edad equivalente a la que se adjudica a la adolescencia en el psicoanálisis? De ser así, ¿considera usted la mediana edad como una etapa del desarrollo?

GOG: Sí. Creo que la analogía con la adolescencia es apropiada porque existe una reelaboración de aspectos relacionados con la separación-autonomía, algo que sucede tanto en la adolescencia como en la mediana edad. Es también una oportunidad, en mi opinión, para elaborar las ansiedades depresivas en sentido kleiniano, de comenzar con una necesidad de duelar, de que uno ya no puede utilizar las defensas maníacas juveniles de grandiosidad y omnipotencia, uno tiene que decirse: yo moriré, aquellos que amo morirán, puedo herir a las personas que amo, y consecuentemente uno debe hallar ese profundo sentido de imperfección. Y me gustaría añadir algo más que creo que es relevante aquí: considero que en la mediana edad cierto tipo de pacientes son más permeables al análisis porque la persona joven organizada narcisísticamente puede tener muchos amigos, parientes y seguidores que le admiren, pero a medida que la persona envejece, el nivel narcisístico y la relación que supo establecer comienza a desaparecer en cierto modo, o, al menos se desvanece, y, entonces, la persona puede sentir un afecto un poco más depresivo que le haga sufrir más y consecuentemente sentirse motivado a emprender un tratamiento psicoanalítico, porque ahora siente que lo que espera de los demás no va a llegar.

GJM: Es por eso que usted piensa que la mediana edad es una oportunidad, algo que promueve una nuevo estilo de vida.

GOG: Exacto. Pero esto es diferente de lo que Freud escribió cuando habló de los problemas de intentar analizar a gente mayor. Freud supuso que no existía suficiente plasticidad. Yo pienso que ahora la neurociencia y el psicoanálisis están sugiriendo que la plasticidad del cerebro puede permitir que la gente siga cambiando y creciendo y que tenga una cierta clase de nuevo comienzo en la mediana edad.

GJM: Sección Dos.—La mediana edad desde la perspectiva de Sigmund Freud, ¿cuáles son los conceptos teóricos específicos de Sigmund Freud que pueden resultar útiles para una comprensión de la mediana edad? Lo que es más: ¿Cómo podría explicar la mediana edad basándose y manteniéndose dentro de la teoría y los conceptos de Sigmund Freud?

GOG: Yo no creo que la obra de Freud sea útil para comprender la mediana edad. Yo pienso que Freud se centró mucho más en los primeros años de la infancia considerando que son los que conforman el carácter de la persona, y una de las cosas que usted encuentra como analista es que existen muchas contribuciones al desarrollo del carácter aportadas por la adolescencia, la joven adultez y la mediana edad. Yo pondría el acento de la experiencia en la mediana edad en los fenómenos descritos por los postfreudianos—personas como Erik Erikson o Elliott Jaques, que escribió sobre la crisis de la mediana edad. Y la única cosa que quisiera decir acerca de lo que Freud escribió, es que existe un pasaje clave en *Análisis terminable e interminable* donde, a favor de un segundo análisis, sostiene que no hay razón para suponer que todos los asuntos de la adultez joven puedan ser analizados edípicamente, y que ese primer análisis pueda tener un efecto profiláctico o preventivo sobre problemas futuros en las etapas subsecuentes de la vida adulta. Y en esta afirmación yo pienso que él implicó que existirían nuevas crisis a las que uno se enfrentaría a medida que envejeciera, y que un segundo análisis podría ser útil en ese momento. Y, ciertamente, este es un fenómeno muy común en la carrera de un analista, ver personas buscando un segundo análisis cuando se enfrentan a las pérdidas, a las muertes y a los duelos que vienen de la mano del envejecimiento.

GJM: Sección Tres.—En primer lugar, nos gustaría conocer su esquema personal acerca de la mediana edad, ¿cómo podría usted definir las principales características generales y metapsicológicas de la mediana edad desde su propio marco teórico? En segundo lugar, ¿qué sucede durante la mediana edad? ¿cuál es el paisaje psíquico durante la mediana edad? ¿cuál es el punto de partida y cuáles los decursos principales de la mediana edad?

GOG: Yo creo, desde mi propio punto de vista teórico,—que, probablemente, está influenciado por Klein y la escuela británica de las relaciones objetales,—que la metapsicología relevante comprende la reelaboración de la posición depresiva, como mencioné anteriormente, y, frecuentemente, el punto de partida está relacionado con un cierto sentido de pérdida y culpa. Por ejemplo, muere uno de los padres y uno piensa que debería haber sido un mejor hijo o hija, que nos habría gustado haber hecho más por nuestra madre o padre. Esta es una cierta señal de una conciencia aleccionadora de nuestro propio narcisismo y de nuestra propia capacidad para herir y descuidar a la persona querida. Otra cosa que considero que es una señal del desarrollo del pasaje por la mediana edad es el sentimiento de que uno no volverá a tener el potencial para hacer algo en lugar de lamentar aquello que no ha realizado durante la adultez joven, de manera que frecuentemente existe un sentimiento de no haber cumplido con aquello que se quiso hacer: ¿Podré aún mantener un sentimiento de self en el contexto de haber fracasado en la consecución de mis sueños?

GJM: Los ideales.

GOG: Sí, los límites de lo que uno puede hacer con su propia vida es algo muy importante, del mismo modo que la contemplación de la mortalidad es también un tema de importancia creciente en la mediana edad porque mucha gente mantiene una desmentida omnipotente de la muerte, continúan como si nada, como si no existieran límites.

GJM: Quizás esta desmentida de la muerte y de los límites sea necesaria cuando se es una persona joven.

GOG: Sí.

GJM: Entonces: ¿Piensa usted que la psicopatología tiene algo que ver con los diferentes resultados en la mediana edad? Por ejemplo, me parece que el paciente borderline no es tan capaz como el paciente neurótico—porque es un tipo de persona diferente—de afrontar los temas de los límites, de la muerte y esas cosas. Es decir, ¿piensa que la psicopatología juega un rol en los diferentes resultados en la mediana edad?

GOG: Sí, absolutamente. Pienso que el factor más significativo en la psicopatología es la extensión del narcisismo patológico porque los narcisistas no envejecen bien. Un cambio clave que sucede en la mediana edad es que la persona tiene que poder disfrutar indirectamente del éxito de sus hijos, de sus estudiantes, de los colegas jóvenes, y a menudo la persona que tiene un narcisismo patológico intenso es muy envidiosa y se siente totalmente cerrada a aceptar el éxito de los más jóvenes. En cambio, podrían envejecer de una manera mejor sabiendo que no podrán recapturar la juventud, pero que otros tienen esa juventud y ellos pueden convertirse en mentores, y pienso que una transición clave es cuando uno sabe que puede convertirse en un mentor de los colegas jóvenes y disfrutar de sus éxitos.

GJM: Y "entregar" la juventud a los jóvenes …

GOG: Sí. Esa es la gratificación que uno puede obtener en una transición exitosa en la mediana edad, pero el nivel de narcisismo patológico tiene mucho que ver con el hecho de si uno está en condiciones de negociar con éste.

GJM: En nuestro modelo teórico basamos nuestro pensamiento en las ideas que Freud postula en *Introducción del narcisismo* donde sostiene que el punto más espinoso del sistema narcisista es la inmortalidad del yo que la realidad asedia duramente. Nosotros pensamos que ese es el punto clave del pensamiento freudiano acerca de la mediana edad.

GOG: Ese es un buen punto.

GJM: ¿Usted estaría de acuerdo con esto?

GOG: Sí. Yo diría que es un buen punto para comprender la mediana edad a través de las ideas de Freud.

GJM: Otra cuestión sobre la que nos gustaría conocer sus ideas se encuentra en *La transitoriedad*, el trabajo breve de Freud, donde establece tres cauces diferentes para los procesos de duelo. El primero desmintiendo la realidad de la transitoriedad, el segundo expresándose como una modalidad depresiva acerca de la naturaleza transitoria de las cosas, y el tercero implicando una aceptación de la naturaleza transitoria de las cosas. Esto nos permitió hallar un marco teórico freudiano para nuestra línea de pensamiento. ¿Cree usted que ésta podría ser otra idea freudiana que pudiera ayudarnos a comprender la mediana edad?

GOG: Ciertamente, creo que es así y que ayuda, pero mi argumento de que la mediana edad es algo que podemos comprender primariamente como un fenómeno post-freudiano es porque Freud no analizó sistemáticamente a personas que estaban atravesando la fase de la mediana edad, y pienso que como analistas podemos hallar un valor basándonos en los datos clínicos de primera mano que obtenemos analizando personas en esta fase de la vida, algo que Freud no discutió en ningún detalle. Yo creo que las contribuciones que usted menciona son valiosas pero pienso que tenemos que ir a los autores post-freudianos para una comprensión completa de la transición.

GJM: ¿Considera que existe un punto de partida específico para la mediana edad? ¿Ha pensado alguna vez en algún punto de partida específico? Quizás ya nos haya dicho algo sobre ello en esta entrevista, pero ¿le gustaría añadir algo más?

GOG: No creo que pueda añadir nada más a lo que he dicho anteriormente: el fenómeno de la conciencia creciente de la muerte, de los límites, del deterioro, del tipo de ansiedad depresiva, esos son los fenómenos que nos permiten una elaboración de las ansiedades de la mediana edad. Un fenómeno común que conduce a la reelaboración de los aspectos de la mediana edad es también el sentimiento de falta de cumplimiento en el propio trabajo, de que uno está atravesando emociones que no nos generan entusiasmo por lo que estamos haciendo. He visto muchas veces algunos médicos que han perdido el interés por hacerse cargo de las personas enfermas, y que sienten, tal como uno de ellos me dijo una vez, que "esto es sólo un negocio, me dedico a hacer dinero y nada más", y él claramente, cuando era joven, había iniciado su carrera cuidando de sus pacientes y disfrutando de que pudieran recuperarse de sus enfermedades: todo eso se había perdido. Creo que algo del entusiasmo juvenil despareció. Uno tiene que hallar un nuevo significado, y esto puede suceder con las relaciones también.

GJM: Sí. Una nueva intimidad.

GOG: Sí.

GJM: La renovación de la intimidad con el cónyuge. Pero, cuando usted habla de la conciencia creciente respecto de la muerte ¿qué es lo que piensa que es más profundo? o, por el contrario, ¿qué se da primero: la conciencia creciente de la muerte o el reconocimiento de nuestro envejecimiento? ¿Cuál es la cuestión más profunda respecto a esto?

GOG: Creo que es muy difícil desentrañar estos dos conceptos porque el sentimiento del envejecimiento del propio cuerpo es un preludio de la muerte y tal como mucha gente, muchas sagas a lo largo de los años han dicho: "estamos muriendo todo el tiempo", de manera que podemos ser conscientes en cualquier momento de que una combinación de la muerte con el deterioro del cuerpo tiene un impacto enorme, de manera que tenemos una especie de anticipo de nuestra propia muerte futura y de que no sigue siendo un concepto abstracto. Y por supuesto, la muerte de nuestros padres, o de nuestros amigos, también evidencian una realidad a la que uno se tiene que enfrentar.

GJM: Sección Cuatro.—Addenda respecto a la mediana edad: ¿cuál es la pregunta y la respuesta lógica que a usted le gustaría añadir a este cuestionario sobre la mediana edad?

GOG: Lo que me gustaría añadir a lo que ya he dicho es que el fenómeno de la mediana edad como transición, resulta un foco útil, desde una perspectiva evolutiva, para el análisis, de manera que a menudo encuentro que el paciente puede colaborar en este tema de manera muy productiva con el analista. En otras palabras, si uno habla el lenguaje que hemos hablado hoy acerca de los límites, de la muerte, del arrepentimiento, de las pérdidas, de los duelos, el paciente se siente comprendido, y nos dice que siente que sabemos lo que está sintiendo, y es una buena puerta de entrada al inconsciente del paciente y dentro del complejo del otro tal y como el paciente lo está experimentando. De manera que creo que es un marco de referencia que debemos tener en cuenta cuando tratamos pacientes de más de cuarenta y cincuenta años de edad.

GJM: Una última pregunta: Nuevamente, formulando una pregunta y su respuesta subsecuente, ahora usted es libre de añadir un tema de su interés, no necesariamente relacionado con la mediana edad. ¿Le gustaría añadir algo que fuera importante para usted?

GOG: Sí, creo que existe otro aspecto muy importante que es la propia transición de mediana edad del analista. Nosotros también estamos atravesando por las mismas cosas que el paciente, por supuesto, y creo que tiene un gran valor que el analista haya atravesado la transición de la mediana edad porque esto le permite empatizar con el sufrimiento del paciente en ese grupo etario, lo que no era posible, al menos no era posible de manera oficial cuando uno era un analista joven. Es así que existe una cierta clase de sabiduría, y los griegos solían decir que la sabiduría se desarrolla a través del sufrimiento; y es así que si hemos sufrido seremos mejores analistas a medida que envejecemos y podremos sintonizar con los temas de los pacientes mayores mucho mejor que cuando éramos jóvenes, y esto es el extremo opuesto de los físicos o matemáticos quienes pueden hallar su cima a los treinta años. Es así que afortunadamente para los analistas, podemos mejorar a medida que envejecemos porque habremos atravesado mayores sufrimientos, la fase de mediana edad, y podremos atender a nuestros pacientes de manera más productiva.

GJM: ¿Puedo añadir una pregunta más?

GOG: Por supuesto.

GJM: Leímos con Alicia su trabajo sobre los pacientes suicidas, sobre el Doctor N y Jenny. El terminó su propio análisis un año antes que su propia paciente, su hermana menor acababa de morir de cáncer, su amigo acababa de morir en un accidente automovilístico, su novia acababa de pedirle la separación. ¿Cree usted que la percepción de su propio envejecimiento está relacionada con los límites que le impone su propia muerte futura, y que esta puede ser una cuestión importante en la manera en la que el analista se condujo con Jenny?

GOG: Sí, como bien sabe, he estudiado durante muchos años las violaciones sexuales al encuadre por parte del analista y, el nexo común, tal como usted lo planteó, es que existe una cierta clase de reconocimiento impactante acerca de nuestras pérdidas y de nuestros límites, y de que existe una especie de defensa maníaca cuando uno se embarca en una relación sexual con un paciente. Eso podría ser verdadero: El Doctor N podría haber sentido que no tenía por qué vivir de acuerdo con los límites y las reglas y que podía trascender la estructura del análisis en un intento heroico de rescatar al paciente suicida. Esos analistas se enamoran del paciente, tienen relaciones sexuales con ellos, y yo creo que de alguna manera existe aquello que Bion describió respecto de los grupos con la fantasía de apareamiento, la fantasía de que dos personas podrían crear un niño que de alguna manera ofreciera un resultado magnífico que permitiría trascender el sufrimiento, la pérdida y los límites.

GJM: De esta manera, tal como usted subrayó antes, la importancia de la mediana edad en el analista es absolutamente definitiva.

GOG: Sí, y quisiera añadir a esto que, en mi opinión, es importantísimo para el analista que haya sufrido pérdidas como las que describo en el trabajo, utilizar a un colega para que supervise estos casos difíciles, antes de que uno se deje llevar a alguna de estas violaciones del encuadre de las que hemos hablado antes, y así, en ese caso, poder solicitar una consulta o una supervisión.

GJM: En sus trabajos usted afirma que la herida narcisista más profunda para el analista es el suicidio de un paciente. Esto sería en lo profesional; pero en lo personal ¿cree usted que la herida narcisista personal más importante tiene que ver con nuestra propia futura muerte eventual? ¿Podría ser éste el hecho más importante y más profundo al que nos enfrentamos diariamente y no sólo durante la mediana edad?

GOG: Sí, está usted en lo cierto. Yo estoy haciendo una distinción y creo que existen dos, entre la herida narcisista personal por la propia muerte y la herida narcisista profesional cuando un paciente se suicida. Pero, por supuesto, el suicidio recuerda también la pérdida de la omnipotencia, los propios fracasos y la propia muerte eventual. Es así que ciertamente vivir con el conocimiento de la propia muerte es una herida narcisista que tiene que ser elaborada a través del proceso analítico, y, francamente, yo pienso que desde hace muchos años los analistas han desatendido la muerte como algo muy importante para comprender la angustia de muerte, al utilizar una especie de reduccionismo psicoanalítico, transformándola en algo diferente, algo como una angustia de castración o de separación, pero la angustia de muerte tiene un status especial aparte de los otros determinantes de la angustia.

GJM: Pienso que debemos atrevernos a hablar de la angustia de muerte no sólo como algo aparentemente reactivo sino como algo inherente al hecho de ser humanos.

GOG: Sí, estoy de acuerdo.

GJM: Una última pregunta, si usted la acepta. Le he comentado antes de comenzar la filmación algo acerca de su trabajo con *Los Sopranos*. Yo sé que usted ha escrito que ese programa tuvo un tremendo éxito en los Estados Unidos porque de alguna manera expresaba aspectos que tienen que ver con los que aparecen en la tragedia griega de manera desplazada. Pensando en ello, considero que esa es una de las razones para comprender por qué fue algo tan conocido—incluso en nuestro país hemos visto la serie ...

GOG: ¿Fue algo exitoso, popular?

GJM: Sí. Durante las vacaciones mi esposa y yo solemos ver uno o dos capítulos de vez en cuando ...

GOG: OK.

GJM: Nosotros todavía no conocemos el final. Pero, le pregunto, ¿cree usted que Tony Soprano atraviesa una crisis de la mediana edad? Como sabe, aún no he podido conseguir su libro sobre el tema, pero ¿piensa usted como yo?, o, ¿podría, al menos, estar de acuerdo con esta idea?

GOG: Definitivamente. El primer capítulo de mi libro es una leve variación respecto a un pensamiento de ser una nada, llamado *Bada Being and Nothingness*. ¿Usted sabe qué es *Bada Bing*?[1]

GJM: Sí.

GOG: Bueno, creo que este tema existencial de la mediana edad se ve desde el comienzo de la trama, él siente que la mafia no es lo que solía ser, que los días gloriosos de su juventud se han ido y que ahora se están enfrentando a una cierta clase de disolución de la misma. Ya no existen las lealtades que solía haber, ya no existe un sentimiento de familia. El mismo siente que está decayendo porque padece ataques de pánico, se siente atemorizado por la muerte, diciéndose a sí mismo que podría ser que su corazón se detuviera, que dejara de respirar. Considero que es un tema de crisis de la mediana edad muy clara, y, por supuesto, esto le hace buscar mujeres más jóvenes para revivirlo y hacerle sentirse un hombre más joven.

GJM: Nosotros compartimos su opinión sobre este tema.

GOG: Creo también que es bueno señalar que el propósito también sirve. En la antigua Grecia los ciudadanos de Atenas iban al teatro y veían Edipo de Sófocles y hallaban allí una manera de elaborar sus propias ansiedades y conflictos, los que preponderantemente eran inconscientes, porque estaban desplazados en los héroes trágicos en la escena. Ahora es mucho más probable que veamos la televisión o que vayamos al cine pero con el mismo propósito, es decir, para identificarnos con los héroes trágicos, pero a una distancia segura, ahora no tenemos que hablar con ellos, sólo compartir su espacio, y tratar de aprender de sus luchas, y yo creo que esto se puede aplicar a Shakespeare y también creo que todos los grandes dramaturgos y los verdaderamente buenos guionistas de cine y televisión tienen la capacidad de hablar acerca del grupo universal de ansiedades primarias a las que todos nos enfrentamos.

GJM: Y quizás sea ésta la razón por la que nos sentimos atraídos por estas series.

GOG: Sí.

GJM: Y quizás sea ésta una de las razones también por las que podemos seguir siendo psicoanalistas.

GOG: Seguramente.

GJM: Porque esto implica una confirmación de la realidad del inconsciente.

GOG: Sí, así es.

GJM: Bueno, creo que es suficiente. ¿Se ha sentido tranquilo, libre para expresar sus opiniones?

GOG: Sí, creo que todo ha ido muy bien.

Nota

1. El entrevistado se refiere a que *Bada Being* es una deformación de *Bada Bing*, el cabaret y prostíbulo del que Tony Soprano, el personaje principal de la serie, es propietario, y donde se desarrollan muchas de las escenas. *Bada Being* podría ser traducido como *"ser Bada"*, implicando una postura existencial ligada a la identificación con el cabaret; y *nothingness* podría traducirse como *nadería, nadedad, la nada esencial*, lo que equivaldría a una traducción del título del capítulo equivalente a *Ser Bada y la esencia de la nada*.

CAPÍTULO NUEVE

Entrevista con *Charles M. T. Hanly* (Canadá)

GJM: ¿Le gustaría presentarse?

CHH: Soy el Profesor Charles Hanly. Provengo de Toronto, Canadá, donde soy psicoanalista en actividad y psicoanalista didáctico, y donde soy también Profesor Emérito de filosofía en la Universidad de Toronto.

GJM: Y también es el nuevo Presidente de la IPA.

CHH: Soy el Presidente de la IPA desde 2009.

GJM: Muy bien. Nos encontramos con el Profesor Hanly para conocer sus ideas acerca de la mediana edad. Hemos preparado y le hemos entregado de antemano cinco preguntas para llevar a cabo una entrevista sobre la mediana edad. Tenemos cinco secciones, la primera se llama: Definiciones. Y esta es la pregunta: ¿Cree usted que existe y que es importante hablar de algo que podríamos llamar mediana edad?

CHH: Sí, creo que usted dice que en las estaciones de la vida de un individuo existe algo que puede llamarse mediana edad y que tiene sus características propias.

GJM: Muy bien. ¿Cómo podría usted definir la mediana edad?

CHH: Yo pienso que la mediana edad puede ser definida por la angustia. Hace muchos años, cuando mis hijos eran muy pequeños, tenían un compañero de juegos, un pequeño cuyo nombre era John, que estaba aprendiendo los números, y como no podía identificar el número de las cosas, se las había ingeniado para comprender el uno, el dos, el tres, pero no podía imaginar un número mayor que el tres. Mi esposa y yo nos dimos cuenta de esto y le ofrecimos una cajita de masitas, y él dijo: ¡Tres masitas! John estaba repitiendo espontáneamente la utilización de la "miríada" de números de los griegos, el número de diez mil unidades de lo que fuera, que también era utilizado para describir todo lo que superara las diez mil unidades, lo que es una medida inimaginable, una cantidad incontable. A pesar de que ahora hablamos de presupuestos que comprenden trillones en el comercio y las finanzas y de millones de años luz en física.

Es notable cómo repetimos las prácticas numéricas de nuestros ancestros así como las de nuestra infancia cuando contamos los años de nuestra vida. Nuestro método de numeración está marcado por las estaciones de la vida. Cuando somos pequeños numeramos nuestros años, pero los contamos hasta la edad de nuestros padres, más allá de nuestros padres, el número incontable de años de nuestros abuelos quienes vaga y aproximadamente representan a cualquiera que sea mayor que nuestros padres retroactivamente hasta Adán y Eva. Estamos obsesionados con crecer, jugamos a ser mayores. Cuando realmente crecemos, seguimos pensando en una progresión indefinida de nuestra vida. Cuando nos acercamos a los treinta o a los cuarenta somos conscientes de que las decisiones que ya tomamos "arrugaron" nuestras posibilidades y limitaron nuestros horizontes temporales, pero no se cuestiona fundamentalmente la indefinida continuidad de nuestra vida. La idea de una continuidad indefinida, se extingue finalmente cuando somos capaces de contar el número de años que esperamos realmente llegar a vivir. Yo considero que esto implica la angustia narcisista que nos arroja a la mediana edad.

GJM: Muy interesante. Entonces, usted podría definir la mediana edad desde este punto de inicio.

CHH: Sí, yo podría definir el umbral y el esfuerzo nuclear de la mediana edad como una cierta clase de angustia narcisista, una amenaza a la pérdida de la autoestima que llega como consecuencia de una total comprensión de que la naturaleza no nos ha querido tanto como nosotros nos queremos a nosotros mismos. Descubrimos y nos enfrentamos a eso que siempre estuvo allí para que lo reconociéramos, pero a lo que sólo le habíamos echado un vistazo: nuestra finitud temporal. Hay muchos otros factores variables entre las diferentes personas, pero tomo este factor por considerarlo la causa esencial de la crisis de la mediana edad que todo el mundo experimenta de alguna manera. Pienso que ese es un factor muy importante en la manera en que una persona vive la mediana edad y en cómo se prepara para la vejez.

GJM: ¿Cree en una especificidad de la mediana edad equivalente a la que se le adjudica a la adolescencia en psicoanálisis?, y de ser así, ¿considera la mediana edad como una etapa del desarrollo?

CHH: En esencia, es un poco complejo describir la mediana edad como un estado del desarrollo comparable a la adolescencia. En la adolescencia estamos totalmente dedicados a la adaptación al inicio de la sexualidad madura de nuestro cuerpo, a la agresión y a las relaciones. Estos desarrollos realmente proveen un tono y establecen los potenciales y los problemas del desarrollo adolescente. Incluso a pesar de que en la mediana edad nos encontramos como si estuviéramos en un período de consolidación de la vida, no sólo en los aspectos financieros sino en los asuntos internos y de relaciones, esta clase de angustia típica de la edad complica esa consolidación y otorga una importancia al desarrollo; por lo tanto, creo que la manera en que resolvamos estos problemas influirán el modo en el que viviremos la adultez mayor.

GJM: Entonces usted piensa que nosotros definimos cómo viviremos nuestra adultez mayor durante la mediana edad.

CHH: Sí. Yo considero que existe un potencial para una maduración ulterior, pero que existe también un potencial para el conflicto y que existe un potencial para la regresión. Y de esa manera esto tiene una dinámica equivalente a la adolescencia. Incluso si logramos nuestra consolidación en la mediana edad nos vemos presionados a llevar a cabo una revisión de nuestros valores como parte del trabajo de adaptación de nuestra imagen de self a la realidad de nuestra finitud. Más aún, ahora somos los padres de jóvenes de veinte años que también están ciertamente llevando a cabo una revisión de sus propios valores, que son una amalgama de su identificación con nosotros y de su propia experiencia con ellos mismos y que tienen el propósito de una eventual rebelión. Es un desafío el poder integrar y ver en el espejo la manera de vivir que los jóvenes están explorando y desarrollando y poder integrar lo bueno sin identificarnos regresivamente con ellos. La profundidad y el peligro de estas relaciones familiares generacionales es evidente en la respuesta al jefe de la asociación de periodistas políticos norteamericanos cuando le preguntaron qué era lo que más lo preocupaba sobre la política: "Me preocupan los viejos que mandan a los jóvenes a la guerra." El entusiasmo inicial de Freud por las victorias del imperio Austro-Húngaro en la Primera Guerra Mundial le permitió esta triste comprensión del tema, cuando tuvo razones para pensar que sus hijos podrían haber sido asesinados, que su envidia destructiva por su juventud se encontraba oculta tras el orgullo que sintió con su alistamiento, un orgullo que negaba que estaban siendo puestos en un peligro mortal. Freud nos revela un profundo replanteamiento de sus valores, por ejemplo, de su orgullo nacionalista con una profundización en la relación con sus hijos. Este trabajo madurativo de los padres es esencial para una vida familiar satisfactoria. Es esencial también para la consolidación de un ideal del yo constituido por valores comprobados y para una saludable autoestima enfrentada a la realidad. La mediana edad, desde este punto de vista, no es un desafío menor que la adolescencia. Pero es un desafío que puede fracasar.

La mediana edad es vulnerable a una regresión defensiva provocada por una negación narcisista de nuestra mortalidad. Una alternativa es una sumisión intelectual y afectiva a una creencia religiosa o metafísica en la inmortalidad. De esta manera se preserva la grandiosidad del ideal del yo. La autoestima, que sólo puede sostenerse perteneciendo a una comunidad de creyentes en la misma fe, es contenida por una ilusión, el precio a pagar compromete el sentido de realidad y el fracaso de la maduración. Creo que la esencia de esta solución religiosa tradicional para la angustia en la mediana edad es la sustitución de la identificación con la ilusión narcisista de la juventud de que la muerte existe para otros, ocupando el lugar de la medida de amor objetal hacia nuestros hijos. Podría existir un resentimiento agresivo potencialmente poderoso y oscuro contra la juventud generado por la creencia oculta de que son los hijos los que los están empujando hacia ese "torbellino mortal". Es frecuente en Canadá, donde la ley de impuestos mantiene la ilusión de que la herencia a los nietos no está gravada, que hombres acaudalados racionalicen su deseo de castigar a sus propios hijos por esto, dejando su fortuna a los nietos. Una consecuencia latente de esta práctica es el intento de castigo posterior a sus hijos tratando de convertirlos en padres tan envidiosos como el testante de esta voluntad.

Otro fracaso, más trágico aún, sucede cuando la cantidad del amor parental por los jóvenes es reemplazada por una identificación narcisista con los jóvenes. En este caso, las personas de mediana edad comienzan a comportarse como si aún fueran adolescentes en un esfuerzo siniestro de reencarnación por imitación. Un ejemplo es el contable que cambia la camioneta familiar por una Harley-Davidson, se deja crecer el pelo que le queda, y se viste con ropa adolescente para cruzar el país en un tour icónico. Otro es el abogado que abandona a su esposa de muchos años, para buscar una mujer muy joven. Es así que existe un riesgo de regresión por actuación en la mediana edad, que puede ser muy disruptiva para la vida del individuo y, trágica también, para la vida de la familia. Esta regresión severa evidencia el fracaso en la mediana edad al reactivar conflictos latentes, dado que una de sus tareas más importantes es preparar a la persona para la vejez.

GJM: Es decir que la regresión es una amenaza de un verdadero derrumbe, porque usted puede ver no sólo familias sino también empresas que colapsan repentina e inesperadamente porque la persona implicada en esa situación no puede administrar sus propias angustias.

CHH: Sí, exactamente.

GJM: Cuando usted se refiere al desarrollo ulterior, creo que en ese caso usted piensa en el desarrollo a lo largo de todo el ciclo vital, no sólo en la adquisición de una cierta madurez hacia los treinta años, sino como un sendero a lo largo de toda la vida.

CHH: Sí, eso es. Esto tiene que ver, creo, con que el factor desencadenante sea el reconocimiento de que moriremos. Es interesante considerar que Freud realmente habló de dos tipos diferentes de angustia que son problemáticas. La primera es la angustia neurótica y la otra es la angustia ontológica.[1] Es evidente que Freud alude a la angustia causada por la naturaleza accidental de nuestra vida, básicamente, por la inevitable mortalidad de nuestra vida. Esa angustia en sí misma no es neurótica, porque implica una comprensión de algo real, pero supone una presión interna para cualquier persona que tenga problemas en el sector narcisista de su vida para mantener un sentido estabilizador de su autoestima. Y cuando esta capacidad no está bien desarrollada en una persona, se puede hallar esta regresión.

Es necesario distinguir esta regresión de las elecciones vitales, porque pueden ser confundidas superficialmente con la desesperación por la eterna juventud cuando lo que se pone en juego es completar un proyecto vital posible ante el incremento de la longevidad. Una de las cosas más importantes que están sucediendo en el psicoanálisis contemporáneo es que están llegando candidatos mayores de cincuenta años para formarse como psicoanalistas. Son personas que utilizan las mejores condiciones de vida que han creado para sí, con la fortaleza yoica o autoestima suficiente como para no conformarse con lo que han conseguido en su profesión hasta ese momento, sino como para embarcarse en una nueva aventura en el mundo laboral. Yo celebro este reinicio a pesar de que antes solíamos pensar que los candidatos tenían que tener menos de cuarenta años. Nos vimos forzados a abandonar ese criterio porque ya no tenemos candidatos de menos de cuarenta años. Es un problema que hay que considerar, pero una vez que lo hagamos, no podemos dejar de lado a esta nueva clase de candidatos de mediana edad, que traen consigo una vivencia fuerte de autoestima, más que un psiquismo roto, lo suficientemente fuerte y fiable como para embarcarse en el hecho de volver a ser estudiantes nuevamente, para aprender una segunda profesión tan deseada, hecha posible ahora por la longevidad.

GJM: Sí, no de manera maníaca sino como una forma de dar continuidad a su propio desarrollo.

CHH: Sí, porque creo que uno de los mayores factores, de los más duraderos de esta consolidación, de este proceso de maduración en la mediana edad, es poseer una autoestima sostenida de dos maneras: una a través del amor objetal, si las relaciones objetales fueran inadecuadas, entonces la herida narcisística se vería intensificada, y esto haría la utilización creativa de los desafíos de la mediana edad mucho más difícil. Y la otra es la vida laboral: si la persona está satisfecha con lo que ha logrado, satisfecha con su propia vivencia de bienestar y orgullo, entonces podrá continuar con eso o podrá elegir hacer algo más que haya deseado hacer durante mucho tiempo, pero que quizás no haya estado financiera, o profesionalmente, en la situación apropiada para hacerlo. Pienso que es un desarrollo bienvenido dentro de nuestra comunidad psicoanalítica.

GJM: Sí, ¿cree en una especificidad de la mediana edad equivalente a la que le adjudicamos a la adolescencia en psicoanálisis?

CHH: Dígame algo más para que pueda entender la pregunta mejor.

GJM: Yo creo que la adolescencia y la mediana edad son dos de los mayores momentos narcisistas de la vida. Es muy común observar al adolescente mirándose al espejo intentando comprender de qué manera su cuerpo está "explotando", y es muy común ver a personas de mediana edad observándose de la misma manera intentando comprender cómo su propio cuerpo está "implotando" …

CHH: Exactamente. Lo que dice es muy interesante.

GJM: ¿Me comprende?

CHH: Sí, lo que dice es muy importante. Cuando los varones nos miramos al espejo en la adolescencia, lo hacemos como para reasegurarnos de que nos convertiremos en un Tarzán musculoso, o en alguno de los atletas o estrellas con los bíceps necesarios, etc., pero no podemos aprobarnos a nosotros mismos porque fracasamos al cotejar nuestro ideal de masculinidad adulta: lo que vemos es el self debilucho de dieciséis años. El equivalente en la mediana edad es la preocupación con las señales de nuestra mortalidad visibles en el espejo. En la mediana edad, la cirugía estética reemplaza al gimnasio en el deseo renovado de perfección física. Quienes no estén sostenidos por el amor objetal, se sentirán infelices con la frente arrugada o con el agrisamiento y afinamiento del cabello. Estas etapas de la vida comparten un potencial para la angustia narcisista. Una de las observaciones diagnósticas, algo que vemos frecuentemente, es la relación que tiene cada persona con el espejo.

GJM: Sección Dos.—La mediana edad desde la perspectiva de los trabajos de Sigmund Freud, ¿cuáles son los conceptos teóricos específicos que pueden ser útiles para una comprensión de la mediana edad?, lo que es más, ¿cómo podría usted explicar la mediana edad partiendo de y desde la teoría y los conceptos freudianos?

CHH: Bueno, pienso que Freud concluyó *Tres ensayos de teoría sexual* (1905*d*) con la adolescencia básicamente, al inicio de la sexualidad reproductiva. El nunca discutió la mediana edad explícitamente, así que es una pregunta con muchas implicaciones ésta acerca de las ideas de Freud sobre la mediana edad. Una de ellas tiene que ver con el ideal del yo, que es algo muy importante, porque es el ideal que tenemos para nosotros, el que gobierna las expectativas que tenemos sobre nosotros mismos. Consecuentemente es un factor poderoso para la regulación de la angustia narcisista. Existe una manera perfectamente comprensible de definir la angustia narcisista en términos de *Inhibición, síntoma y angustia* cuando Freud (1926*d* [1925]) explica la angustia señal. En la mediana edad una señal no-neurótica de angustia nos enfrenta a nuestra mortalidad—duelar la muerte de nuestros padres exige el reconocimiento de que nosotros también moriremos—algo contra lo que no existe protección ni escape. Es un tipo de angustia que debe aparecer en algún momento, presionando a nuestro ideal del yo y exigiendo la existencia de una saludable auto-estima. Desde un punto de vista metapsicológico, considero que, a pesar de que Freud no discutiera la mediana edad explícitamente como lo hizo Erikson, por ejemplo, es posible sin embargo construir una comprensión útil de la mediana edad con propósitos clínicos, fuera de los conceptos básicos freudianos.

GJM: Junto con Alicia, en nuestro trabajo en la APA y en nuestra Fundación creemos que el punto de partida más importante dentro de las ideas de Freud con respecto a la mediana edad tiene que ver con las heridas narcisistas, específicamente lo que explica en el último párrafo del segundo capítulo de *Introducción del narcisismo*, cuando establece que el punto más espinoso del sistema narcisista es cuando la inmortalidad del yo es asediada por la realidad. Ese desafío es lo que está en su punto más álgido de manifestación durante la mediana edad, ¿estaría de acuerdo con esto?

CHH: Sí, totalmente. Durante los estadios iniciales de la vida, vivimos en una manía narcisista maravillosa y suave que desmiente el riesgo de accidentes. Por ejemplo, cuando alguien conduce a alta velocidad sin otra razón que para divertirse, nunca piensa que podría morirse en un accidente automovilístico, por el contrario, neutralizan los efectos motores de la señal de angustia con una vivencia ilusoria de ser especiales, de estar protegidos y de sentirse inmunes. Luego la vida comienza a enlentecernos lo suficiente como para llevarnos a reconocer nuestra vulnerabilidad en un mundo indiferente que nos puede dejar indefensos e inermes. Así comienza la etapa de la mediana edad, obligándonos a ponernos de acuerdo con la muerte para bien—si podemos dejar de lado la defensa ilusoria de desmentida—y para mal—si no podemos. Cuando somos niños crecemos para ser igual que nuestros padres, pero cuando nuestros padres están muertos tenemos que hallar una nueva relación con nosotros mismos al tiempo que comprendemos que no podemos hacer por nosotros mismos lo que alguna vez creímos que podrían hacer por nosotros, o sucumbir a la idea ilusoria de que todavía están vivos de alguna manera. Este regreso a nosotros mismos plantea un problema narcisista importante. Nos vemos enfrentados a la realidad por un tipo de angustia que no es neurótica en sí misma, pero que puede hacer revivir conflictos neuróticos si no tenemos la fortaleza derivada de haber resuelto adecuadamente los conflictos libidinales y agresivos tempranos. Estos conflictos serán los que causarán las regresiones de mediana edad acerca de las que hemos estado hablando. En el origen de esta regresión hallamos la incapacidad narcisista para aceptar la realidad cambiante en nuestro cuerpo y para hacer duelo por la pérdida de nuestra juventud.

GJM: Entonces usted enfatiza y subraya, diríamos, la psicopatología, puesto que una cosa es el ideal del yo y otra es la psicopatología que tiene que ver con el yo-ideal.

CHH: Exacto.

GJM: ¿Cómo podría usted separar estos dos diferentes caminos, el ideal del yo y el yo-ideal durante la mediana edad?

CHH: Creo que voy a decir algo que quizás no responda por completo a su pregunta, pero en resumen quizás sea el principio de algo que pueda contestarla. Tener un robusto ideal del yo requiere varias cosas: que el ideal haya sido confrontado con la realidad en grado suficiente como para quedar limitado a lo que es posible, que haya cesado en su grandiosidad respecto a las condiciones y posibilidades de nuestra vida individual, pero que de alguna manera defina lo que deseamos ser, lo que sentimos que deberíamos ser. Este tipo de ideal del yo sienta las bases de la gran fortaleza yoica como consecuencia de su realismo inherente acerca de lo que somos y de lo que aspiramos a ser. Es una estructura narcisista del yo que nos lleva a buscar lo que podemos obtener, pero que todavía no hemos alcanzado. Considero, tal como anticipé, que en la medida en que es una organización narcisista, no está sostenida tanto por nuestras investiduras narcisistas como por el amor objetal, que disminuye nuestra necesidad de amor hacia nosotros mismos. Lo mismo vale para el trabajo, si estamos satisfechos, si sentimos que estamos cumpliendo con algo valioso para nosotros mismos, y si estos aspectos alcanzan razonablemente las demandas de nuestro ideal del yo.

El yo ideal se hace cargo cuando fracasa el amor objetal, tal como sucede muchas veces en la mediana edad, y aparece una regresión narcisista hacia una auto-imagen grandiosa. La imagen de la juventud heroica que esperábamos ver cuando nos mirábamos al espejo a los dieciocho años. Luego, la buscamos con desesperación intentando volver a hallar aquel tiempo y tratando de repetir ese segmento de nuestra vida, algo que la naturaleza prohíbe. La flecha del tiempo es unidireccional. El ideal del yo degenera en el yo ideal que niega omnipotentemente el tiempo y promueve en la persona el deseo de reencarnarse en un héroe o una princesa, tal como Ponce de León buscó una fuente de la juventud en los bosques de América Latina. Este esfuerzo hacia lo imposible sólo puede dar pie a una vejez depresiva, amarga e improductiva.

GJM: Yo había pensado en la psicopatología, porque el paciente narcisista y borderline tiene disminuido su ideal del yo y un yo ideal como la manera más común de tramitar y comportarse con ellos mismos. Es por esto que cuando hablo de la psicopatología consideraba que estos caminos se diferenciaban, especialmente si los comprendemos desde la perspectiva de su trabajo, el que hemos estudiado.

CHH: Sí, *El ideal del yo y el yo ideal* (Hanly, 1984).

GJM: Diría, que en un caso hay algo que se coloca en el futuro y en el otro una vivencia que la persona siente que necesita tener "ahora".

CHH: Exactamente. Y de esa manera el yo ideal desafía al tiempo, y, consecuentemente, provee un escudo de suficiencia y desmentida en un tipo de desafío a la herida narcisista causada por la comprensión de que alguna vez llegará el momento de nuestra muerte.

GJM: Y desde su trabajo comprendí que el ideal del yo nos lleva a comportarnos como hombres, mientras el yo-ideal nos obliga a comportarnos como héroes.

CHH: Sí, exactamente.

GJM: En el primero usted tiene que reconocer sus límites y en el segundo usted está siempre desmintiendo la existencia de límites. Entonces esto se separa en dos caminos muy diferentes durante la mediana edad.

Nota

1. Puede hallarlas en *El porvenir de una ilusión* (Freud, 1927c) y *El malestar en la cultura* (Freud, 1930a [1929]).

Bibliografía

Freud, S. (1905d). *Tres ensayos de teoría sexual.* A.E., 7. Amorrortu, Buenos Aires.

Freud, S. (1926d [1925]). *Inhibición, síntoma y angustia.* A.E., 20. Amorrortu, Buenos Aires.

Freud, S. (1927c). *El porvenir de una ilusión.* A.E., 21. Amorrortu, Buenos Aires.

Freud, S. (1930a [1929]). *El malestar en la cultura.* A.E., 21. Amorrortu, Buenos Aires.

Hanly, Ch. (1983). Ideal del yo y yo ideal. *Revista de Psicoanálisis, 40*: 191–203, 1984.

CAPÍTULO DIEZ

La edad media de la vida: el fin de la procrastinación

Dr. Luis Kancyper (Argentina)

Introducción

No resulta cierto el apotegma—*"simplex sigillum veri"*—la simplicidad es el sello de la verdad. La edad media de la vida requiere una explicación a un nivel teórico-clínico de mayor complejidad. En ella se contraponen múltiples juegos de fuerzas dentro de un campo dinámico: los movimientos paradojales del narcisismo en las dimensiones intrasubjetiva e intersubjetiva y sus relaciones con las estructuras edípica y fraterna por un lado; y por otro lado, la realización y consolidación vocacional más allá de los mandatos parentales y la recomposición de los vínculos sociales y económicos. Y lo que particulariza metapsicológicamente a este período, es que representa, a diferencia de las turbulentas adolescencia y menopausia una etapa serena de la resignificación retroactiva.

La instrumentación del concepto de la resignificación, del a-posteriori (*nachtraglichkeit*), posibilita efectuar fecundas consideraciones clínicas. En este sentido, el período de la edad media de la vida sería a la vez un punto de llegada y un punto de partida fundamentales.

Es a partir de la edad media de la vida como punto de llegada, que podemos colegir retroactivamente las inscripciones y traumas que en un tiempo anterior permanecieron acallados de forma caótica y latente y que adquieren, justo en este período, significación y efectos patógenos. Y como punto de partida, es el momento que posibilita la apertura hacia nuevas significaciones y logros a conquistar, dando origen a imprevisibles adquisiciones.

En efecto, la edad media de la vida puede llegar a ser una etapa privilegiada de la resignificación y de la alternativa en la que el sujeto tiene la opción de poder efectuar transformaciones inéditas en su personalidad.

En esta fase se resignifican por un lado las situaciones de traumas anteriores, y por otro, se desata un recambio estructural en todas las instancias del aparato anímico con el fin de la procrastinación. Para llegar a esto, cada sujeto necesita atravesar en esta etapa de la vida ineluctables y variados duelos en las dimensiones narcisista, edípica y fraterna.

Resignificación y procrastinación

La resignificación activa una memoria particular, aquella relacionada con las escenas traumáticas de la historia críptica del sujeto y a la vez entramada con las historias inconscientes y ocultas de sus progenitores y hermanos. Son historias y memorias entrecruzadas que han participado en la génesis y mantenimiento de ciertos procesos identificativos alienantes.

La memoria de la resignificación, *"esa centinela del alma"* (Shakespeare, *El rey Lear*) abre, en un momento inesperado, las puertas del olvido y da salida a la volcánica aparición de un caótico conjunto de escenas traumáticas que han sido largamente suprimidas y no significadas durante años e incluso generaciones.

La resignificación de lo traumático, acontece durante todas las etapas de la vida—porque el trauma tiene su memoria y la conserva—, pero estalla cuando no se puede continuar procrastinando la asunción de una definición identitaria.

En inglés se usa mucho la palabra *procrastinate*: dejar para mañana. Se traduce a veces por *aplazar, diferir, posponer, postergar* o *relegar*, que no dan la idea de hábito. Por otra parte, *posponer, postergar* y *relegar* implican, en primer lugar, "dar menos importancia" (a una de las personas o cuestiones que esperan, por ejemplo); y secundariamente "dejar para después". *Aplazar* y *diferir* significan "dejar para otra fecha (definida o no)", pero no necesariamente como un hábito personal. A la persona que tiene este hábito, se le llama en inglés *procrastinator*, y a su inacción *procrastination*.

Las tres palabras derivan del latín *procrastinare, procrastinator* y *procrastinatio* con los mismos significados. Están formadas a partir del prefijo *pro* ("hacia", "en favor de") y el adjetivo *cras* ("mañana"; no "la mañana", sino "el mañana", y en particular "el día siguiente a hoy"). En español la palabra procrastinar se emplea como equivalente de diferir, aplazar.

La etapa de la mediana edad cabalga entre dos períodos alborotados de resignificación: la adolescencia y la menopausia, pero no deja de tener su propia resignificación. ¿Pero, en qué "medio" encontramos la mediana edad? La encontramos entre el trabajo psíquico de elaboración de la omnipotencia de la adolescencia y la caída de la potencia en la senescencia con la asunción de la propia potencia posible inherente a esa edad, teniendo que poner ineluctablemente un cierto límite al aplazamiento. Así como "lo que se silencia en la infancia suele manifestarse a gritos en la adolescencia, y también en la menopausia" (Kancyper, 1997), estimo que en la edad media también salen a la luz traumas y primeras experiencias no procesadas que se exteriorizan en esta etapa de la vida.

Si la adolescencia es el fin de la ingenuidad, yo diría que la edad media de la vida es el fin de la procrastinación. Es decir, el período en el que se imposibilita seguir postergando indefinidamente ciertos deseos y pasajes al acto porque las transformaciones del cuerpo y la presión de los mandatos sociales imprimen e imponen sus límites e influjos.

La mediana edad sería la Edad del Hacedor, con mayúscula, el Tiempo de la Realización en muchos aspectos. Todo lo que el sujeto anhelaba llegar a ser y obtener en la infancia y adolescencia necesita del despliegue de la potencia y realización en esta etapa comandada por la edad evolutiva del cambio del cuerpo que tiene un límite de fertilidad; sería como la edad en la que se plantea una revisión cuestionadora de las posibilidades y límites de la potencia física, deportiva, intelectual y social.

Lo que sucede es que los cambios físicos en la mediana edad son más sosegados, no se manifiestan a través de la turbulencia paroxística hormonal de la adolescencia o la caída hormonal de la menopausia. Los cambios somáticos no son tan elocuentes, la resignificación no es tan escandalosa, pero se halla siempre activada. Por eso propongo contraponer la palabra serenidad a la palabra grito. La mediana edad implica una elaboración más serena, no tan turbulenta, a pesar de que los procesos en la vida anímica continúen resignificándose.

La resignificación no es el descubrimiento de un acontecimiento que se ha olvidado, sino un intento por medio de la interpretación, construcción e historización de extraer una comprensión nueva del significado de ese suceso enigmático y oculto.

La memoria de la resignificación "resiste al tiempo y a sus poderes de destrucción: algo así como la forma en la que la eternidad puede asumir el incesante tránsito" (Sábato, 1999).

> El concepto de la resignificación trasciende la polaridad entre la realidad histórica y la realidad psíquica. Es el momento en que lo traumático del pasado se une—con la ayuda de las sensaciones, emociones, imágenes y palabras del presente. De este modo, lo escindido se integra a la realidad psíquica y puede por lo tanto someterse recién a la represión y al olvido. (Kunstlicher, 1995)

En efecto, es el momento en el que el pasado misterioso, repetitivo e incomprensible se convierte súbitamente en una realidad más clara y audible y, al ser integrado y reordenado en la realidad psíquica, permite al sujeto en la edad media de su vida poner un cierto fin a su procrastinar para reescribir su propia historia.

Lo importante en nuestro trabajo clínico no es restituir el pasado ni buscarlo para revivirlo, sino para reescribirlo en una diferente estructura. Se trata menos de recordar que de reescribir. El acento recae más sobre la reescritura que sobre la reviviscencia. Lo revivido es fundamental pero no suficiente. Es el punto de partida pero no el punto de llegada, que es la reestructuración.

El sujeto se define según cómo se resignifique, es decir, según cómo reestructure su biografía para transformarla en su propia historia (Kancyper, 1997).

Memoria y olvido en la mediana edad

En esta etapa de la vida se tramitan cambios graduales y transformaciones silentes en el cuerpo, especialmente respecto al poder de la fertilidad que pone un tope al anhelo sempiterno de la inmortalidad y trascendencia. Respecto al parámetro fertilidad-infertilidad, quisiera señalar que no lo focalizo sólo en términos biológicos, sino que lo empleo en un sentido más amplio y abarcativo. A modo de ejemplo se presentan anuncios de empleo que solicitan personas aptas hasta los cuarenta o los cuarenta y cinco años de edad. Y se suscitan reiteradamente varios interrogantes tales como: ¿Cuándo voy a formalizar una pareja? ¿Cuándo voy a tener un hijo? ¿Cuándo voy a tener un trabajo que me otorgue estabilidad e inserción social? ¿Cuándo terminaré de estudiar por fin? ¿Cuándo dejaré de postergarme y poner un límite a situaciones de malentendido y de padecimiento recurrentes en la pareja que se aplazan en un asintótico tiempo que sigue transcurriendo con displacer sin poder lograr, en definitiva, poner un fin a la procrastinación?

Estas preguntas suelen dispararse con inusitada intensidad en la mediana edad interpelando al sujeto que no siempre se halla en condiciones de hallar las respuestas adecuadas generando, como consecuencia, una atormentada movilización psíquica. Estos interrogantes suelen resignificar en el sujeto una ineludible crisis de sentido, donde se agazapa la posibilidad de resistencia y el germen de la alternativa para entenderse de distinta manera.

Real y efectivamente, el sujeto en la edad media de la vida posee—en esta etapa de mayor maduración emocional y cognitiva—, por un lado nuevas herramientas para reflexionar sobre los enigmas e impresiones del pasado; pero por otro lado, adolece también de períodos de intensas angustias e inhibiciones, y esta puede ser una oportunidad que no puede ser desperdiciada para la construcción e historización de aquello que, desde tiempos remotos, permanecía oculto, misterioso y escindido. Para lo cual considero que sería deseable profundizar en los procesos analíticos, las relaciones de las cuatro memorias y el olvido en este período de la vida para facilitar el procesamiento de las representaciones y afectos sofocadas y escindidas que obstaculizan el fluir temporal, espacial, emocional y creativo.

Las cuatro memorias

A continuación pasaré a enumerar estas cuatro memorias y el olvido, para "esclarecer las fuerzas psíquicas eficaces tras ellos, y poner de manifiesto los mecanismos actuantes" (Freud 1936, p. 213) y sus influjos en el trabajo de elaboración de los duelos normales y patológicos en las dimensiones narcisística, edípica y fraterna en la edad media de la vida.

Entre los pliegues de la "cambiante forma de la memoria que está hecha de olvido" (Borges, 1983) distingo cuatro memorias: la del rencor, la del pavor, la del dolor, y la memoria del esplendor.

Mientras que las memorias del rencor y del pavor permanecen refractarias al olvido, al perdón y al trabajo del duelar (Kancyper, 2010), las memorias del dolor y del esplendor integran al pasado en una diferente reestructuración afectiva espacial y temporal, y propician al mismo tiempo el duro, lento e intrincado trabajo de elaboración de los duelos.

En la memoria del esplendor los recuerdos de la historia vigorizan las tres dimensiones del tiempo. El esplendor de esta memoria se basa en el hecho de que la dimensión del pasado ilumina con su resplandor el presente y, al mismo tiempo, el futuro se reabre con un sentimiento oceánico y mágico a la vez.

La memoria del esplendor, pletórica de alegría, belleza e inmortalidad, se diferencia de las memorias del rencor, del pavor y del dolor. En efecto, mientras que el pasado arroja luz en la memoria del esplendor al presente y al futuro, en las memorias del rencor y del pavor el pasado eclipsa a las otras dos dimensiones del tiempo. En la memoria del rencor, presente y futuro permanecen hipotecados para reivindicar un injusto pasado que se reinfecta por el accionar de los resentimientos y remordimientos incandescentes y compulsivos (Kancyper, 2013).

En la memoria del rencor prevalece la esperanza reivindicatoria. En cambio, en la memoria del pavor, las reminiscencias traumáticas empantanan el presente y el futuro con un pertinaz sentimiento de desconfianza. El presente no se vive como un verdadero presente, lo que implicaría un anclaje actual y de las perspectivas de futuro.

El mnemonista del pavor es un forastero acosado por los caminos. No puede permanecer ni pertenecer en un lugar ni en un tiempo sostenidos, le resulta imposible entablar vínculos fiables.

El destino del sujeto apresado por la memoria del pavor se halla regido por el accionar inconsciente de angustias de desvalimiento y de muerte que no alcanza a dominar, a diferencia de la angustia de castración que comanda a la memoria del dolor.

En esta no se olvida al pasado, pero se le admite y acepta lo perdido como lo irrecuperable y resignable, lo cual posibilita el pasaje al presente y a un futuro posibles no idealizados. En la memoria del dolor el pasado deja de ser presente para transformarse en experiencia pasada, ya que sólo de esta manera se le puede considerar como una experiencia útil frente al presente.

La memoria del dolor "por supuesto no le pone fin al dolor, el dolor continúa, continuará y debe continuar en cierto modo, cada momento de dolor es un momento de contacto con la persona que amé" (Grossman, 2012).

En cambio, el mnemonista del rencor se posiciona como una pretenciosa e injusta víctima de las frustraciones padecidas. Frustraciones, promesas e ilusiones incumplidas que le legitiman para detentar un poder soberbio y vindicativo, generando en la dinámica del campo intersubjetivo una tensa atmósfera de crispación, que suele exteriorizarse de un modo compulsivo a través de la queja, el litigio, el reclamo, el reproche y la revancha.

El mnemonista del dolor, a diferencia del mnemonista del rencor y del pavor, asume, por un lado, la pérdida de una vana esperanza planetaria, y por otro lado, la asunción de otra realidad menos idealizada pero más acotada e imperfecta.

En la memoria del dolor se posibilita aprender el arte del olvido, y la apropiación del dolor puede convertirse entonces en una fuerza dinámica capaz de propiciar la reconstrucción de un sentido propio y comunitario. En efecto, los duelos comandados por el dolor y no por el rencor ni por el pavor permiten al sujeto dar eficazmente vuelta a la página de su historia repetitiva, posibilitando entonces la aparición de un nuevo comienzo, porque en la memoria del dolor la pérdida del objeto se transforma—trabajo de duelo mediante—en una ausencia asumida (Pelento, 2010).

En las memorias del pavor y del rencor, en cambio, la carcoma de las ambigüedades y de las asintóticas esperanzas reivindicatorias y vindicativas paralizan el trabajo de elaboración de los duelos y los objetos perdidos no se ausentan jamás: insisten y acechan de un modo repetitivo y, como consecuencia, las posibilidades de olvidar, de perdonar y de innovar permanecen interceptadas.

Augé (2011) otorga una función fundamental al olvidar. Señala que "es necesario—tiene un papel muy activo. Porque lo que se olvida va dibujando las formas de lo que se olvida. Es como un trabajo de escultura. Lo que queda no es un recuerdo, simplemente, sino un recuerdo trabajado por el olvido".

La definición del olvido como labor de cincelado del recuerdo toma otro sentido en cuanto se percibe como un componente activo y secreto que opera en la configuración de la propia memoria.

En efecto, el olvido y la memoria se dan en forma conjunta y se condicionan recíprocamente como el anverso y el reverso de las monedas.

Así, en las memorias ominosas del rencor y del pavor, los vórtices de angustias desgarradoras y las heridas del alma refractarias a la cicatrización capturan al sujeto y le fijan a la fatalidad de un inquebrantable y clausurado destino de sufrimientos, aplazamientos y errancias.

En efecto, los sujetos en la edad media de la vida apresados por el rencor y/o por el pavor permanecen varados en una suerte de "duelo sin fin", no se instalan ni se comprometen afectivamente: son los desterrados. No ponen un "fin a la procrastinación".

En cambio, en la memoria del esplendor confluyen las tres dimensiones del tiempo, celebrando entre sí un diálogo de amistad.

El sujeto en la memoria del esplendor coparticipa de las pesadillas y sueños de los siglos, asume e integra las huellas del pasado que dejan sus marcas e inexorables influjos en las generaciones posteriores y al mismo tiempo asiste al advenimiento esperanzado de una cierta innovación en el porvenir.

Antes de concluir, deseo señalar que las líneas de demarcación que se trazan entre las distintas memorias son claras, pero en ciertos momentos resultan menos nítidas, más porosas e incluso suelen difuminarse.

En efecto, las memorias del esplendor, del rencor, del pavor, y del dolor coexisten y conservan sus propias huellas en el palimpsesto mnémico que porta cada sujeto en las diferentes etapas de su vida. Haría la salvedad, sin embargo, de que la superposición de las mismas y la prevalencia de unas sobre las otras es inestable y se modifica como el fluir oscilante del tiempo-río de Heráclito.

Bibliografía

Augé, M. (2011). *La vida es un evento muy especial*, Revista ADN, Diario La Nación (4 de febrero de 2011).

Borges, J. L. (1983). *Lo nuestro*, Borges en Clarín 1980–1986, Textos seleccionados pág. 15.

Freud, S. (1936). *Carta a Romain Rolland (Una perturbación del recuerdo en la Acrópolis)*. Amorrortu, Buenos Aires, volumen 22.

Grossman, D. (2012). *Escribir la vida*, Revista ADN, Diario La Nación (27 de abril de 2012).

Kancyper, L. (1997). *La confrontación generacional*. Buenos Aires, Paidós. [Versión portuguesa: *Confrontaçao de Geracoes*, Sao Pablo, Casa do Psicólogo 1999. Versión italiana: *Il confronto generazionale*, F. Angeli, Milán, 2000.]

Kancyper, L. *Resentimiento terminable e interminable*. Lumen Buenos Aires, 2010.

Kancyper, L. *Memoria e historia*, en *La complejidad después de Babel*, comp. Gurevich, B. Lumiere Buenos Aires, 2013.

Kunstlicher, R. (1995). *El concepto de Nachträglichkeit*. Revista de Psicoanálisis, Tomo LII.

Pelento, M. (2010). *Perder de vista, perdiendo de vista*, Revista de Psicoanálisis, Tomo LXVII.

Sábato, E. (1999). *La memoria de la tierra*, Diario La Nación, edición del 5 de diciembre.

Shakespeare, W. *El rey Lear*, Obras Completas, El Ateneo Buenos Aires, 1953.

CAPÍTULO ONCE

Entrevista con *Norberto Carlos Marucco* (Argentina)

GJM: Hay muchas personas en el ambiente psicoanalítico que piensan que no es apropiado hablar de la mediana edad como una edad de la vida. Antes de empezar quisiéramos saber si usted considera que es posible hablar de la mediana edad como de una edad, porque hay gente que piensa que no es psicoanálisis sino psicología evolutiva. Queremos saber su opinión al respecto.

NCM: Si uno piensa en un Freud, curiosamente maduro, un Freud ya cercano a los cincuenta o sesenta años, cuando en la segunda tópica plantea un aparato mezclado de temporalidades, entonces yo creo que hay una temporalidad inconsciente que refleja distintos momentos de la vida. La manera en que alguien experimenta los eventos de su vida depende de una temporalidad no-evolutiva y eso está vinculado con cómo la psique se ha estructurado a lo largo de toda la vida.

Más aún, no es sencillo definir la mediana edad sin considerar factores sociológicos, puesto que hoy en día la mediana edad es algo muy diferente de lo que era hace cien años.

GJM: ¿Y cómo definiría la mediana edad mas allá de la cuestión sociológica? ¿Cómo definiría la mediana edad con sus palabras?

NCM: En mi opinión, hay un punto que me parece central en la teorización del psicoanálisis: la relación entre el mecanismo de la represión, que condensa con el acto represivo la formación del inconsciente y otro mecanismo, que Freud hace aparecer cuando está en plena edad media de la vida, que es la desmentida de la realidad. Tengo que admitir que considero la realidad como una cuarta instancia del psiquismo, otra servidumbre del yo junto al ello y el superyó.

A pesar de que existe una desmentida patológica, existe también una desmentida general que bordea los mecanismos psíquicos normales. Por ejemplo, la desmentida de la realidad que opera naturalmente en la adolescencia y que promueve el desarrollo durante esa etapa de la vida. Sorprendentemente, en la mediana edad se da un equilibrio natural muy interesante entre aceptar la realidad y desmentirla. ¿Qué quiero decir con esto? Es una época de la vida donde algunos deseos podrían haberse realizado, del mismo modo que otros no, éstos últimos, los que no fueron realizados pueden aceptarse y sublimarse. En mi opinión, la mediana edad, es el momento vital más importante para los fenómenos sublimatorios, debido a este mecanismo de reconocimiento y desconocimiento de la realidad; el reconocimiento de aquello que puede lograrse y de aquello que nunca se logrará.

GJM: En sus libros usted habla de dos tipos de desmentida, una desmentida estructurante y una desmentida defensiva, si bien es cierto que las dos operan al mismo tiempo también podrían abrir dos caminos diferentes, entonces, cómo serian estos caminos diferenciales en la mediana edad?

NCM: Existe un momento en la vida en que nos miramos al espejo no a través de los ojos de nuestra madre, sino a través de los ojos de esa persona desconocida que yace dentro de nosotros y nos está mostrando esa imagen siniestra. "Ese soy yo". Si yo desmiento esa realidad patológicamente, comenzará un proceso de identificación con lo que se ha perdido: "Yo soy lo que he perdido", y no se puede ya reconocer la diferencia entre el otro y uno mismo. Entonces, la distancia psíquica entre padres e hijos surge como consecuencia de que los padres "estallan" frente al crecimiento de sus propios hijos, algo que implicaría una desmentida patológica. Pero, por otro lado, existen otros caminos. Pensemos en un individuo que ha entrado en la mediana edad y se da cuenta de que no va a ser el mejor jugador de baloncesto del mundo como soñaba. Este individuo podrá volcar esa pulsionalidad en aquello que realmente le agrade y será capaz de llevarlo a cabo.

En la mediana edad no pensamos en lo que quisiéramos ser, porque ya somos en realidad y dentro de lo que somos hacemos todo lo que podemos en nuestras circunstancias. Entonces existen dos desmentidas interesantes. Una que sostiene que ya no seré el mejor jugador de baloncesto del mundo, pero puedo ser el mejor psicoanalista, y así la vida se reorganiza. Otra característica significativa de la mediana edad apunta a las relaciones. Por ejemplo, el cambio en los roles parentales cuando los hijos quitan la investidura, en el momento en que los hijos le dicen a sus padres que ya no son importantes para ellos y que la vida transcurre en algún otro lugar y con algunas otras personas. En consecuencia, en ese momento los padres se enfrentan a una cuestión esencial: comienzan un proceso de identificación o asumen nuevos roles, como abuelos, por ejemplo.

Pero cuando hablo de la investidura de nuestro propio mundo, pienso en investir amorosamente la vida. No se trata de adquirir, sino de consolidarse, desarrollarse y vivir lo que es posible, para comenzar a dejar atrás aquello que no será posible adquirir. De otra manera, esto podría costarnos enormes cantidades de energía y libido.

LSV: Entonces está hablando, siguiendo también sus ideas, de una negociación muy especial con la estructura narcisista.

NCM: Sí, las negociaciones existen a lo largo de toda la vida, pero es importante reconocer la diferencia que existe entre la sublimación y la idealización. La mediana edad es un momento muy interesante para pasar de la idealización a los fenómenos creativos y sublimatorios.

Entonces si uno piensa en fenómenos de estructura de un yo ideal se pasa a un ideal del yo, fíjense en algo muy interesante, los que dirigen el mundo son gente de mediana edad.

GJM: En nuestra Fundación Travesía tenemos como texto obligatorio su trabajo sobre la introducción de lo siniestro en el yo. Usted termina el trabajo con la frase, que creo que también está en Freud, de que de repente aquello que nos tranquiliza frente a la muerte se transforma en lo ominoso, en aquello que viene a anunciarla. Muchas veces pensamos que hay personas que no pueden meterse dentro de este tipo de elaboración sublimatoria y que realmente lo que sienten es la irrupción de lo siniestro a partir de la percepción del propio envejecimiento en la mediana edad. En este caso empiezan un camino regresivo, más que sublimatorio.

NCM: Yo tengo mis reparos sobre la idea de la muerte, los mismos que el mismo Freud ya mencionara. La dificultad principal se encuentra en aceptar la muerte como tal, como representación de algo que uno no puede imaginar. ¿Qué significa no estar vivo? Sin embargo, me parece que hay una representación de muerte que implica desinvestidura. En los casos de enamoramiento patológico, existe una hemorragia libidinal en el objeto, si el objeto deja a la persona que significa la muerte, muchas veces significa una muerte literal porque la persona se suicida. Si entramos en el mundo de ese individuo, veríamos que lo que desapareció fue aquello que le daba un sentido de existencia. Es lo que sucede frente al espejo: cuando el espejo devuelve una imagen distinta a la que uno desea encontrar, la proyección no alcanza para vencer al espejo y el espejo vence a la proyección, entonces uno tiene que afrontar un momento de desinvestidura. Si uno puede enfrentarse a ese momento, el tema de la muerte como lo siniestro no aparece, y uno comienza a reorganizar sus intereses, promueve nuevas relaciones objetales que devuelven las investiduras perdidas. El problema ahí es que cuando uno se enfrenta melancólicamente a estas investiduras perdidas, aparece la vivencia de muerte, pero no la muerte literal, sino la sensación de no ser amado. Considero que muerte significa no ser amado.

GJM: En ese caso estamos hablando de las zonas psíquicas y de su concepto de narcisismo.

NCM: Sí, por supuesto, si uno entiende la mediana edad en los términos de la doctrina freudiana. Fíjense que escribió *Introducción del narcisismo* en 1914 cuando tendría cincuenta y pico de años, en ese trabajo describe una patología que le sobrepasa, algo que no puede llegar a entender por completo, pero que reconoce como parte constitutiva de todas las personas.

GJM: En el capítulo dos, sostiene lo que consideramos como el punto metapsicológico más firme en Freud para comprender la mediana edad: "El punto más espinoso del sistema narcisista, esa inmortalidad del yo que la fuerza de la realidad asedia duramente." A partir de esta cita, comienza nuestra teorización.

NCM: Esa afirmación es clave. El asedio de la realidad es el espejo, los ojos de la mujer o los ojos del marido que podrían decir: "Ya no eres el de antes". Esos ojos que pueden mirar a otro.

GJM: Buscando la inmortalidad perentoria del yo ideal.

NCM: Por supuesto. Pero "la demanda de inmortalidad" es realmente "la demanda de amor". Inmortalidad es la palabra que nosotros utilizamos para designar ese momento en el que uno es el único objeto de amor, donde nada necesita compartirse.

LSV: Una demanda de amor muy particular.

NCM: Si, una demanda de amor patológica. Creo que esto es una clave para el narcisismo: yo que fui amado tengo que ver en los ojos del otro esa mirada que ya no me devuelve el mismo amor eterno y se corta la investidura. Esta es la clave: se corta ese flujo que me llegaba del otro y si uno no puede reconocerlo, aparece una identificación melancólica. Por eso la mediana edad presenta tanto el riesgo de la melancolía como elemento negativo, como el desafío de la creación como elemento positivo.

GJM: Hanly sostiene algo que podemos hallar en este mismo libro, cuando dice que el problema es cuando en lugar del amor objetal a los jóvenes la persona se identifica con ellos y entonces se comporta como un joven cuando en realidad ya es un adulto. Yo creo que usted propone algo similar: la sustitución del verdadero vínculo de objeto por la identificación lleva a un camino regresivo.

NCM: Por supuesto, con los riesgos que implica una identificación así, porque imagínense si uno se identifica con el objeto perdido: "la juventud". No se puede pelear contra la juventud, en cualquier momento se fracasa y cuando se fracasa aparece el derrumbe narcisista. Esto sucede cuando los individuos de mediana edad no aceptan esta interacción con la realidad. Pero no es sólo el problema con los hijos, es el problema con el amor objetal. Es como una nueva edición, una nueva oportunidad cuando el amor tiene que renegociarse, porque el amor de pareja sufre en esos momentos. Para mí un gran peligro en la mediana edad es sustituir la paternidad por la abuelidad, porque uno comienza a vivir esperando que ese nieto se convierta en lo que no hemos podido ser. Este es un problema serio porque significa la idealización del rol de la abuelidad y el riesgo de sufrir otra desinvestidura con posterioridad. Si en lugar de eso aparece el amor y los nietos están en el lugar en el que tienen que estar, que es un lugar secundario respecto a la relación de esos niños con sus padres, la relación con el nieto se sostiene toda la vida. Si el nieto es muy idealizado, escapará de la relación con los abuelos del mismo modo en que lo hará de una relación equivalente con los padres.

GJM: Otra cosa que tenemos siempre en consideración es la relación que cada uno tiene con su propio cuerpo y con la percepción inconsciente del propio envejecimiento. Aunque no lo percibamos, la realidad nos desafía a través de nuestro propio cuerpo, algo que puede producir efectos que demandan ese tipo de trabajo psíquico que desemboca en distintas salidas de acuerdo con cada historia, de acuerdo con la capacidad para elaborar las cosas. ¿Cómo entiende la relación entre el adolescente que se enfrenta a un espejo temiendo la "explosión" que está sucediendo en su propio cuerpo y un hombre o una mujer en la mediana edad que se enfrenta al espejo percibiendo la "implosión", digamos, que está sucediendo en su cuerpo, y las consecuencias que esto puede tener? ¿Se le ocurre algo al respecto?

NCM: Hay dos o tres niveles desde los que se podría analizar esto. Un primer nivel de gran importancia sería el rol que tiene el psicoanálisis en lo social, especialmente respecto a los valores culturales. Por ejemplo, los trastornos de la alimentación como la anorexia y la bulimia no eran tan comunes en 1910 como lo son ahora. La cultura contemporánea establece parámetros físicos en el mundo actual.

Con respecto al propio cuerpo, me parece que hay bastantes complejidades. Por ejemplo, hay individuos que vehiculizan su realidad amorosa preponderantemente con el cuerpo y, en consecuencia, van a sufrir las vicisitudes de esta "implosión" corporal. Hay otros individuos en los que la relación con el cuerpo está mediatizada por otros elementos, culturales o intelectuales, por ejemplo, y van a sufrir un poco menos, pero también van a sufrir más los límites que impone el pensamiento, lo intelectual. Existen implosiones diferentes a cada edad: a los ochenta años la mente ya no permite pensar apropiadamente, lo mismo que a los setenta cuando pueden comenzar a darse dificultades para pensar. Cualquier proceso implosivo crea un problema y la psique necesita procesar esa amenaza para hallar algún reemplazo o estancarse y continuar quejarse del mundo que ocasionó esta implosión.

GJM: Lo que nosotros pensamos es que sería muy importante poder teorizar con universales. Tomamos el cuerpo que es un universal y es una realidad que todos tenemos un cuerpo. Es posible que ya no tengamos padres o que no hayamos tenido hijos, pero cuerpo tenemos todos. Entonces ahí tenemos un tipo de anclaje donde poder ver qué tipo de fenómenos de los que se producen en el cuerpo pueden exigir un trabajo al aparato psíquico. En ese punto pensamos, y esto también se lo preguntamos, si se podría pensar que la adolescencia como fenómeno psíquico podría ser la consecuencia del fenómeno físico de la pubertad, y que la mediana edad como fenómeno psíquico pudiera ser la consecuencia de la perimenopausia o climaterio femenino y masculino. Nosotros tendemos a entenderlo así, pero me gustaría saber cómo lo entiende desde la perspectiva de que hay un universal, un poquito más allá de la cultura, que también está exigiendo un trabajo—por supuesto comparto que el cuerpo no está desintegrado de la parte social cultural—pero que también es un invariante.

NCM: A mí me da la impresión de que el cuerpo interviene siempre y que siempre está limitado por el objeto, sería un universal acotado, a pesar de que el universal exista siempre. El cuerpo está presente, pero la cultura interfiere en los procesos naturales con tratamientos que retrasan los síntomas de la menopausia durante diez o quince años. Sin embargo, los temas de la mediana edad se activan de alguna manera: los rendimientos no son los mismos, la sensación personal no es la misma. Entonces la mediana edad se convierte en un punto focal del análisis y promueve una nueva oportunidad en la vida: el individuo tiene la oportunidad de revisar y reorganizarse, y la manera en que lo haga tendrá un impacto enorme en su futuro.

LSV: ¿De qué depende la posibilidad de reorganizarse?

NCM: Depende de su infancia, de su adolescencia, de la estructura individual, y depende también, de que tenga la oportunidad de contar con un objeto que le permita cuestionarse el futuro y qué hacer con su vida. "Ya cumplí con las tareas que la vida me había encomendado, ¿y ahora qué?" Este es el desafío real. En análisis, el desafío es hallar las estructuras previas, desarmarlas y volver a construir nuevas para lanzarse a algo diferente.

GJM: Leo un párrafo suyo: "La crisis de la adolescencia acecha, reproduce, sin duda, las continuas situaciones de crisis que se van a dar en la vida en sus distintos momentos y aspectos. La vida renueva situaciones en las que necesariamente se vuelven a poner en cuestionamiento estas estructuras, y quizá ante cada una de ellas haya que pasar por aquella vivencia de vacío, de nada, para advenir un hombre; y atravesar la encrucijada en la que aquel ideal de hallar la plenitud a través de un objeto amoroso total pueda conducir a la esclavitud, o advenir en una relación amorosa enriquecedora, plena y completa" (Marucco, 1998, p. 85). Esto nos ayuda a entender la mediana edad como un fenómeno que engloba lo que viene de la adolescencia a través de una reelaboración de la propia subjetividad en el vínculo con el otro. ¿Usted lo comprende así?

NCM: Yo pienso que en la mediana edad hay un nuevo proceso de subjetivación, porque yo no creo en la asunción de la subjetividad de una vez y para siempre. Si uno hiciera una escala hipotética de un sujeto de la infancia, un sujeto de la adolescencia, un sujeto de la adultez, un sujeto de la mediana edad, y así consecutivamente, el hecho de apropiarse de uno mismo es un desafío constante.

GJM: Pero podemos volver al cuerpo, porque Freud dice que son dos las veces a lo largo del ciclo vital en las que se produce un incremento de la vida pulsional. Creo que estos desequilibrios tienen tanta fuerza como para exigir un trabajo psíquico especial, diferente. Uno puede decir que hay un proceso de resubjetivacion, pero, ¿qué es lo que sucede realmente? Algunas veces una situación traumática nos puede pasar a los veinte, a los treinta o a los setenta, pero qué es lo que ocurre realmente en la mediana edad. Puede perderse el objeto de amor, sin embargo muchas personas tienen su objeto de amor y viven la misma crisis. Yo veo un proceso íntimamente vinculado con el cuerpo. ¿Cómo lo ve usted?

NCM: La mediana edad incluye otra cosa importante que no hemos mencionado todavía: la pérdida de los padres, que como toda pérdida, implica un trastorno de la economía libidinal. Insisto en esto: no tiene que ver con el temor a la muerte, sino con el temor a la pérdida de la investidura. ¿Dónde va esa libido? Este es un plus libidinal que es como el incremento pulsional que Freud describía en la menopausia y que tiene que ver con una libido que tengo en mí y con la necesidad individual de hacer algo con ella: puede destinarse a investir el cuerpo e idealizarlo, pero al mismo tiempo puede sentirse un dolor por lo que se perdió del cuerpo. También puede destinarse a nuevos sujetos de amor.

Entonces la mediana edad implica un acopio de investiduras perdidas y una nueva distribución de las mismas de acuerdo con el poder que tenga el yo en ese momento, que no es el mismo que en la adolescencia. A los cincuenta años puedo decir tengo este deseo, pero renuncio porque prefiero esto otro y en la adolescencia no tengo ese poder. Entonces todo esto me hace pensar que la edad media de la vida es un momento lleno de oportunidades.

LSV: ¿Qué piensa que ocurre con la pulsión de muerte? Usted también sostiene que la pulsión de muerte dentro de la estructura narcisista sería la que permite matar de alguna manera al yo ideal, en el sentido positivo. ¿Qué pasaría con la pulsión de muerte en la mediana edad?

NCM: Yo he ido variando mi concepción de la pulsión de muerte en estos últimos años, en esa época yo tenía una clara influencia leclairiana que me hacía pensar que la pulsión de muerte era esa fuerza arrolladora que tiende a destruir al niño mítico, al representante narcisístico primordial como lo llamaba Leclair. Hoy entiendo la pulsión de muerte de otra manera. Por ejemplo, la repetición me parece un aspecto decisivo en la mediana edad. Uno viene a lo largo de la vida acompasando la vida con momentos repetitivos, se repite, se repite. Hay un momento clave en la mediana edad donde uno se dice: "Esto no quiero volver a repetirlo". El individuo toma consciencia o queda atrapado por la repetición. Entre las oportunidades que ofrece este momento importante de la vida existe la posibilidad de transformar la repetición en cambio. Otra posibilidad que puede suceder, sin que uno necesariamente se dé cuenta, es tapar la repetición y transformarla en un modo de vida repetitivo.

GJM: ¿Cómo podemos entender sus ideas acerca de las cuatro zonas psíquicas y los cuatro tipos de angustia a la luz de lo que estamos hablando?, leo:

> Al predominio de cada una de estas cuatro zonas de funcionamiento psíquico le correspondería una forma de angustia correspondiente: la angustia de castración, referida a la zona de los sueños; la angustia de intrusión correspondiente a la introducción del narcisismo; la angustia de vacío correspondiente a las huellas mnémicas ingobernables; y la angustia de aniquilación correspondiente a la acción de la violencia sobre el yo que utiliza la desmentida como defensa. (Marucco, 1998, p. 287)

¿Se le ocurre algo respecto a esto?

NCM: A mí me parece que las dos ansiedades que yo podría poner en este momento en relación a ese período de la vida, tienen que ver con las ansiedades de vacío y de aniquilación. Insistiría mucho en el tema de la repetición dentro de esas zonas. El vacío, estaría vinculado con lo que mencionamos antes, con la vivencia de desinvestidura. Al mismo tiempo, existen nuevas investiduras que llegan y que uno no sabe cómo manejar. La pregunta sigue siendo esta: ¿voy a dirigirla hacia mi cuerpo de manera hipocondríaca tratando de detectar ese vacío en cada parte de mi cuerpo? o ¿voy a instrumentarla para darla a otros, para devolverla nuevamente a la vida? Este es el momento de las oportunidades.

GJM: También la zona de los sueños podría tener que ver con lo que usted plantea respecto de la sublimación.

NCM: Sí, eso es muy importante porque el problema es volver a tener sueños en la vida. No se trata de tener sueños repetitivos, sino de tener nuevos sueños.

GJM: ¿Sabe que a mí me sorprende hallar tantas coincidencias entre nosotros? También pensamos que la mediana edad es una oportunidad que ofrece el ciclo vital, que lamentablemente tiene mala prensa: "¡Socorro! tengo un ataque de mediana edad".

Esta frase aparece todos los días en la prensa y no debería ser así, porque estamos hablando de la plenitud de la vida y de la huella verdadera de un desarrollo auténtico.

NCM: Es así, la plenitud de la vida, el momento más creativo. Esa es la idea de redistribuir la libido.

GJM: Muchas gracias por esta entrevista.

Bibliografía

Marucco, N. C. *Cura analítica y transferencia*. Amorrortu Buenos Aires, 1998.

CAPÍTULO DOCE

La madurescencia (mediana edad): definición, metapsicología y clínica.*

Guillermo Julio Montero (Argentina)

Primera parte: elementos para una definición de la madurescencia

El proceso madurescente

Freud (1914c) (1915c) (1916–1917 [1915–1917]) (1920g) (1933a [1932]) sostiene que el individuo tiene una existencia doble: constituye un fin para sí mismo a la vez que es un eslabón en la cadena de transmisión del plasma germinal. La primera parte de esta afirmación implica un propósito que abarca diacrónicamente todo el ciclo vital, mientras que la segunda afecta sincrónicamente un período preciso, y es la que motiva este artículo.

Propongo denominar madurescencia al resultado del trabajo psíquico específico que se activa una vez que el individuo ha dejado de ser necesario para el plan de la especie e inicia su envejecimiento.

Elijo la voz *madurescencia* para referirme a la mediana edad porque el concepto transmite una idea del proceso de transformación hacia

---

* Trabajo Individual aceptado, presentado y discutido en el 48° Congreso de la Asociación Psicoanalítica Internacional celebrado en Praga en 2013.

la madurez, análogamente al modo en el que la palabra *adolescencia* promueve, en su caso, el significado de transformación hacia la adultez.[1]

Postulo la madurescencia centrándome en la inextricable trabazón entre los procesos biológicos y psicológicos que se expresan a través de la vida pulsional—un proceso que tiene un origen y diferentes decursos posibles que dan cuenta de esta transformación—para proponer una exégesis metapsicológica psicoanalítica.

La madurescencia en el mito del héroe.

Resulta una paradoja extraña el hecho de que la palabra *mito* suela ser comprendida y utilizada vulgarmente como mentira o engaño, puesto que el estudio de los mitos ha demostrado que transmiten una verdad profunda, ancestral y trascendente: lo más auténtico y verdadero de una cultura. ¿Por qué razón tiene lugar este deslizamiento semántico si el mito fue lo que permitió la transmisión de gran parte de la sabiduría que atesora la humanidad?

Las verdades míticas se expresan a través de un proceso equivalente al del trabajo del sueño. De la misma manera que el contenido manifiesto de los sueños se sirve de algún resto diurno (aparentemente) indiferente para disfrazar y expresar el verdadero contenido latente—que siempre es inasible, incomprensible, tan desgarrador como para hundirse en su propio ombligo—, los mitos funcionan desde una lógica idéntica, aunque en este caso a la manera de los «sueños de la humanidad». Un esfuerzo de enmascaramiento tan extremo evidencia que los mitos transmiten verdades que desafían la capacidad representacional.

La producción de mitos de la humanidad permite algunas clasificaciones. Entre estos pueden considerarse los mitos de la creación del mundo—que intentan responder a la pregunta acerca de los orígenes de la creación del mundo y su destino—y los mitos del héroe—que aluden al misterio de la vida y de la muerte.

La especificidad del mito del héroe ofrece un modelo paradigmático para una representación del ciclo vital humano. El articulador que los vertebra alude a las vicisitudes de las diferentes etapas de la vida humana, entre estas: el nacimiento, la adolescencia, la madurescencia, la vejez y la muerte (Montero, 2005, 2009).

Dado que el psicoanálisis reconoce que los fenómenos psíquicos universales tienen un equivalente mítico, por ejemplo Edipo y Narciso, resulta tentador inquirir cómo estarían expresadas las características de la madurescencia en el mito del héroe, aportando así otra perspectiva para su definición.

Así como la salida exogámica que plantea la adolescencia suele ser figurada en los ciclos míticos del héroe en la serie de pruebas de iniciación que el héroe debe sortear para ser considerado miembro adulto de la sociedad (viaje de ida), las vicisitudes específicas de la madurescencia (viaje de vuelta) quedan figuradas en la etapa que se denomina retorno, catábasis, o más específicamente «descenso a los infiernos», momento en el que realiza una serie de pruebas que lo «humanizan». Hallo una noción similar en *Zarathustra* de Nietzsche: el concepto de *Untergung* significa voluntad de ocaso, decadencia, descenso para profundizar, a manera de reencuentro con el principio o con los fundamentos.

Durante el «descenso a los infiernos», el héroe suele enfrentarse a sus antepasados muertos, atravesar algún bosque insondable y oscuro, realizar un viaje nocturno, rescatar algún objeto simbólico que le posibilite la adquisición de un conocimiento nuevo, etc. El resultado de todo esto puede ser el retorno a la ciudad con una nueva sabiduría de la vida, algo valioso para compartir con las demás personas.

En el mito mesopotámico anónimo contenido en la epopeya *Cantar de Gilgamesh*, el héroe emprende su catábasis intentando hallar una fórmula para «su» inmortalidad.[2] Por otra parte, en la tradición griega, alrededor del Siglo VIII a.C., Odiseo (Ulises) en *La Odisea* también vive su «descenso a los infiernos» (Hades) (Canto XI), mientras realiza el viaje de vuelta desde Troya hasta Itaca. Sigue las instrucciones de Circe para consultar a Tiresias acerca de su futuro. Atraviesa los peligros del estrecho de Escila y Caribdis, sobrevive con ingenio al canto de las sirenas: todo antes de llegar a Troya, su hogar, para reencontrarse con su esposa Penélope y con su hijo Telémaco, tal como lo había predicho Tiresias. ¿Por qué razón impacta su viaje heroico como lo hace? ¿Por qué quedó su aventura como paradigma del regreso y continúa conmoviendo después de tantos siglos?

¿La madurescencia de Edipo?

¿Pero cuál es el «descenso a los infiernos» de Edipo? Considero que Edipo desciende a los infiernos cuando comienza a resolver su propio enigma de origen (Montero, 2005, 2009).

Ciclo mítico del héroe

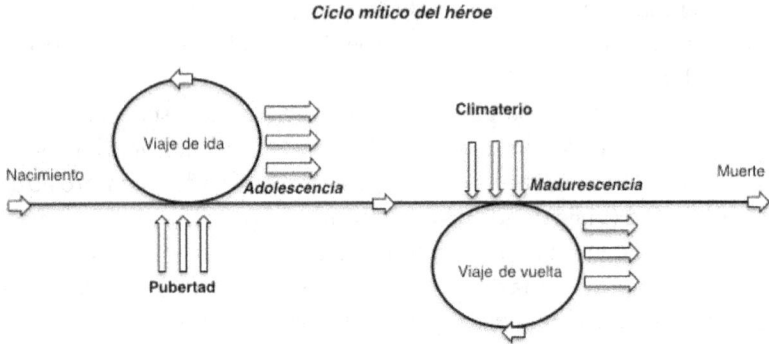

Diagrama 1.

Edipo fue rey después de asesinar a su padre, inmediatamente después cohabitó y engendró hijos con su madre, pudo reinar en paz y armonía, obteniendo el reconocimiento de su pueblo hasta que se propagó la peste en Tebas, y la ciudad se vio condenada a la hambruna, la enfermedad y la muerte, momento en que la última consulta al oráculo de Tiresias—el adivino oficial otra vez—facilitó que Edipo comenzara el descubrimiento de sus orígenes.

Pienso que la tragedia de Sófocles detecta algunos aspectos de la (re)elaboración imprescindible del trabajo psíquico que se activa en la madurescencia. ¿Por qué no pudo Edipo «des-cubrir» su origen con anterioridad? ¿Por qué sólo la consulta oracular por «la peste» es la que finalmente le aporta el conocimiento que necesitaba, cuando la tragedia describe algunas consultas anteriores al oráculo que fueron inmediatamente desestimadas por el héroe? La anagnórisis de Edipo implicaría su propio «descenso a los infiernos», el tipo de «peste» (¿retorno de lo reprimido?) que caracteriza a la madurescencia.

Tampoco puedo dejar de pensar aquí que el destino del propio Freud fue similar al de Edipo en mi interpretación del mito, puesto que «descubrió» el complejo de Edipo al inicio de su autoanálisis, configurando así su propio «descenso a los infiernos».

Pienso que en el mito de los héroes Gilgamesh, Odiseo, Edipo, y en nuestro «héroe», Freud, podemos hallar un «descenso a los infiernos» que evidencia aspectos del trabajo psíquico característico de la madurescencia, que «nos fuerza a ser otra vez héroes que no pueden creer en la muerte propia» (p. 300), según Freud (1915*b*), y que a la vez obliga al esfuerzo de reconocerla. Por supuesto, esta conceptualización también integra el postulado que sostiene que el héroe es quien asesinó al padre (Freud, 1921*c*), como la verdadera autorización subjetiva para una vida adulta y la consecuente madurescencia.

El cuerpo y la revuelta psíquica madurescente.

¿Por qué razón la adolescencia y la madurescencia son los dos momentos más importantes del ciclo mítico del héroe? ¿Por qué están tan enfatizados como el nacimiento y la muerte? ¿Por qué la humanidad necesitó plasmar estas etapas en el mito?

Considero que la importancia de estos dos momentos se debe a que la exogamia coincide con la pubertad y el descenso a los infiernos con el climaterio masculino y la menopausia femenina,[3] y que estos procesos del cuerpo y en el cuerpo—fisiológicos, metabólicos y hormonales— exigen una cantidad de trabajo psíquico extremo. La magnitud de estos procesos es lo que llevó a las civilizaciones a plasmar la revolución de la pubertad y la revolución de los climaterios en el ciclo mítico del héroe, alegoría del doble inmortal individual expresado como fantasía colectiva.

Coincido parcialmente con Blos (1979) cuando sostiene que «la pubertad es un acto de la naturaleza y la adolescencia es un acto humano» (p. 328). Creo que se comprende el sentido de lo que quiere transmitir, a pesar de que disiento con el concepto de «acto humano», porque lo humano es también parte de la naturaleza. Creo que resulta conveniente aclarar que—en el contexto en el que Blos sostiene su afirmación—habría sido más claro postular que la pubertad es un acto preponderantemente biológico y la adolescencia su consecuencia preponderantemente psicológica, formulando en ambos casos una especie de biología extendida, tal como pueden comprenderse los planteamientos de Freud acerca del *continuum* entre biología y psicología humana, razón por la que siempre consideró el psicoanálisis como una de las ciencias naturales. O quizás proponer, como prefiero, que la pubertad es un acto pautado por la filogenia y la adolescencia por la ontogenia.

Similarmente, extiendo esta afirmación para sostener que los climaterios son preponderantemente biológicos y que la madurescencia es su consecuencia preponderantemente psicológica, o que los climaterios tienen que ver con la filogenia y la madurescencia con la ontogenia.

Así como Blos plantea que «la iniciación de la adolescencia coincide con hitos somáticos mensurables» (p. 327), propongo considerar que la

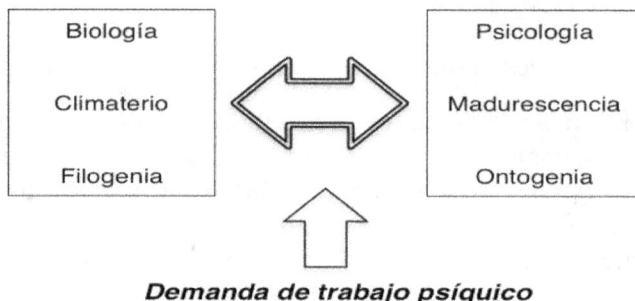

La <implosión> del cuerpo madurescente

Diagrama 2.

madurescencia también coincide con hitos somáticos mensurables, que originarán procesos psíquicos específicos.

Es tan significativa la revolución que se produce en el cuerpo—a nivel metabólico, fisiológico y hormonal—en estas dos etapas de la vida, que promueven un desequilibrio subjetivo que puede derivar en una respuesta extrema, como consecuencia de la medida de trabajo psíquico que originan. Esto es lo que el mito del héroe pareciera describir tan bien con el «descenso a los infiernos», un intento de representar los procesos que provienen del cuerpo al inicio de la madurescencia. Así como puede imaginarse al adolescente escrutando la «explosión» del cuerpo frente al espejo, puede también imaginarse al individuo madurescente ante la «implosión» del mismo, en idéntica pose de incertidumbre y temor a una irrupción siniestra de la vejez y la muerte.

La sexualidad y la muerte.

Pero, ¿por qué razón la pubertad y los climaterios generan esta vivencia de una emergencia importante de trabajo psíquico, si son momentos o procesos propios del ciclo vital humano, si es algo que viene sucediendo en todos los seres humanos desde tiempos inmemoriales? ¿No podría suponerse que aquello que nos constituye esencialmente como seres humanos debiera ser vivenciado como algo «natural» en lugar de promover tamaña revuelta psíquica?

El aspecto psíquico de la biología extendida exige un reacomodamiento porque el ser humano está condicionado por dos grandes moratorias. La primera, a la que Erikson (1951) denominó moratoria adolescente, y la segunda a la que propongo denominar moratoria madurescente. Estas moratorias humanas (¿antinaturales?) son las que generan la vida psíquica específica tanto de la adolescencia como de la madurescencia.

Considero que para la sociedad occidental contemporánea, la moratoria adolescente obliga a la postergación de la procreación, algo que el mandato biológico reclamaría perentoriamente. La frustración de esta demanda post-puberal es lo que genera el trabajo psíquico aludido, dando inicio al aspecto psíquico del fenómeno de la adolescencia.

Algo equivalente sucede con los climaterios, porque también inician una moratoria que posterga lo que la biología reclamaría: la muerte. El madurescente ya no resulta útil para el plan de la naturaleza porque ya no puede seguir procreando, a pesar de que se resista a morir. La moratoria post-climatérica de postergación de la muerte es lo que generará la medida de trabajo psíquico que caracteriza a la madurescencia y a su consecuencia natural: el envejecimiento.

Aquí podría aclarar otro aspecto que hace a la naturaleza humana, que tiene que ver con estas moratorias, porque ambas no son sólo una dilación de un mandato de la especie—no sólo se trata de procrear y de morir para el ser humano. Durante la moratoria adolescente el individuo decide disfrutar de la sexualidad sin procrear; mientras que en la moratoria madurescente, en lugar de entregarse a la muerte, el individuo decide prolongar su vida lo máximo posible, obligándose a enfrentarse así al asedio crónico de la vivencia de incertidumbre. La mantención de la sexualidad por placer en la madurescencia podría llevar también a otra pregunta: ¿Existiría un tercer tiempo para la sexualidad en la madurescencia?

Precisamente, la enorme demanda de trabajo psíquico que generan la sexualidad (primera moratoria) y la muerte (segunda moratoria) es lo que llevó al descubrimiento del psicoanálisis. La trascendencia de esta temática—algo que confirma los postulados psicoanalíticos nucleares—no sólo puede hallarse figurada en el ciclo mítico del héroe, sino que también se encuentra en los eufemismos. En efecto, los eufemismos son palabras alternativas o deformaciones de contenidos inconscientes que en todos los casos tienen que ver con la sexualidad y la muerte: algo que no debiera sorprender al psicoanalista, pero que no deja de llamar la atención cuando se revisa algún diccionario específico o se busca la confirmación correspondiente directamente en el habla coloquial (Rawson, 1995).

Como una de las paradojas más importantes que plantea la vida humana, estos dos períodos de moratoria que postulo, son los momentos del ciclo vital humano en los que es posible promover un verdadero crecimiento y un cambio subjetivo trascendente, así como un encuentro con la autenticidad (subjetiva y vincular). Por supuesto, esto es lo que sucede en los mejores casos, porque siempre la psicopatología se encarga de mostrar magnificados los procesos que en el desarrollo normal están disimulados.

Por esta razón, he sostenido que la madurescencia es una oportunidad que ofrece el ciclo vital para promover, continuar y profundizar el desarrollo individual en el ámbito de la propia subjetividad, del vínculo con los objetos y del intercambio entre las generaciones (Montero, 2005, 2009, 2013).

Quisiera aclarar algo que surge recurrentemente como cuestionamiento para esta manera de entender el tema: el climaterio masculino es muy diferente del violento final que plantea la menopausia para las mujeres. Si bien es cierto que el inicio del climaterio masculino no impide la actividad procreativa hasta muy avanzada la edad madura, la biología natural, específicamente los estudios etológicos dentro de ésta, demuestran que en las especies superiores las crías generadas a partir de machos mayores pueden nacer con malformaciones o dificultades para la supervivencia, algo que el ser humano parece también querer desmentir porque los climaterios poseen una manifestación esencialmente diferente, aunque son funcionalmente equivalentes.

De los climaterios a la madurescencia partiendo de Freud.

Cuando hablo de la filogenia y de su transformación en ontogenia durante los climaterios, quiero postular una serie de estratos que

Las dos moratorias

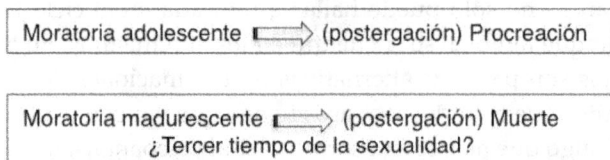

Moratoria adolescente ⇒ (postergación) Procreación

Moratoria madurescente ⇒ (postergación) Muerte ¿Tercer tiempo de la sexualidad?

Diagrama 3.

influyen en el trabajo de la madurescencia. El mandato filogenético (instinto) impacta en el cuerpo generando un trabajo de decodificación que alerta tanto del programa de la especie como del inicio del envejecimiento. La especificidad de la transformación continua del instinto en pulsión durante los climaterios es lo que denomino «ombligo de la madurescencia».

Quiero citar cronológicamente cuatro frases en las que Freud alude al tema: «En la cúspide de su vida, durante los primeros años después de cumplidos los cincuenta, en una época en que los caracteres sexuales ya han involucionado en la mujer, no es raro que *en el hombre la libido aventure todavía un enérgico empuje*»[4] (1910c, p. 124). Puede hallarse aquí al Freud más empírico, porque, como he mencionado con anterioridad, por esa época no se conocía lo que se denomina climaterio masculino ni su impronta pulsional, pero Freud encontró estos efectos en su clínica, razón por la que puede adjudicar este «enérgico empuje» también a los hombres.

El segundo ejemplo:

> Vemos enfermarse a individuos hasta entonces sanos, a quienes no se les presentó ninguna vivencia nueva y cuya relación con el mundo exterior no ha experimentado alteración, de suerte que *su caer enfermo impresiona por fuerza como algo espontáneo*. Sin embargo, un abordaje más ceñido muestra que también en estos casos se ha consumado una alteración que debemos estimar en extremo sustantiva para la causación patológica en general. *Por haberse alcanzado cierto tramo de la vida, y a raíz de procesos biológicos que obedecen a una ley, la cantidad de libido ha experimentado un acrecentamiento en su economía anímica, y este basta por sí sólo para romper el equilibrio de la salud y establecer las condiciones de la neurosis.* Según se sabe, tales acrecentamientos libidinales, más bien repentinos, se relacionan de una manera regular con *la pubertad y la menopausia*, con ciertas edades en la mujer; además, en muchos seres humanos pueden exteriorizarse unas periodicidades todavía desconocidas. (1912c, p. 243)

Este párrafo resulta esclarecedor porque sienta las bases para la metapsicología que pretendo explicitar. Alude a la aparente espontaneidad de la enfermedad, correlaciona «procesos biológicos» sincrónicos con «cierto tramo de la vida», indica cómo el acrecentamiento libidinal rompe el equilibrio de la salud promoviendo la neurosis, y habla explícitamente de la pubertad y de la menopausia.

En el tercer ejemplo, Freud sostiene: "Lejos estoy de haberles comunicado todas las observaciones que abonan nuestra tesis del vínculo genético entre libido y angustia. Entre ellas se cuenta, todavía, *la influencia que sobre la contracción de angustia ejercen ciertas fases de la vida*, como *la pubertad y la menopausia*, a las que es lícito atribuir *un considerable incremento en la producción de libido*" (1916–1917 [1915–1917], p. 367).

En la cita, Freud está hablando del incremento libidinal que se origina en la pubertad y en la menopausia, deteniéndose en la angustia como evidencia clínica del trabajo psíquico que exige dicho incremento cuando no puede ser tramitado.

Muchos años después, ya en el marco de la segunda teoría pulsional, vuelve a considerar lo mismo: "Por dos veces en el curso del desarrollo inidividual *emergen refuerzos considerables de ciertas pulsiones*: durante *la pubertad* y, en la mujer, cerca de *la menopausia*. En nada nos sorprende que personas que antes no eran neuróticas devengan tales *hacia esas épocas. El domeñamiento de las pulsiones*, que habían logrado cuando éstas eran de menor intensidad, *fracasa ahora con su refuerzo*" (1937c, p. 229).

Propongo que esto sucede cuando el apremio de la naturaleza—otra característica del apremio de la vida o Ananké—deriva en los incrementos pulsionales característicos de la segunda moratoria, algo que

Filogenia y ontogenia

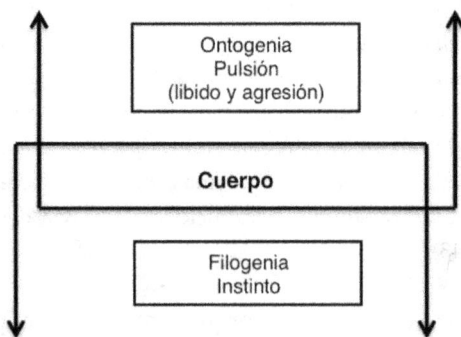

Diagrama 4.

puede desembocar en resultados tan diferentes como una transición madurescente o una crisis madurescente.

«Resistencias» para una verdadera comprensión de la madurescencia.

Es común aludir al trabajo de duelo que genera el envejecimiento, la enfermedad o la muerte de los propios padres; o el que genera lo que se denomina «síndrome del nido vacío», cuando los hijos adolescentes inician la exogamia; así como el que puede generar alguna enfermedad crónica o incurable en un individuo madurescente; cuando muere algún coetáneo, etc. Suele considerarse que estos son procesos propios de la madurescencia, pero considero que no es así. Creo que son situaciones que pueden ocurrir durante la madurescencia y que sirven como pantalla para aludir indirectamente a lo que verdaderamente importa y es esencialmente inconsciente: «el ombligo de la madurescencia», el proceso biológico ocasionado por la segunda moratoria y la exigencia de trabajo psíquico que genera.

Todas las situaciones que detallo activan procesos de duelo, pero no promueven el crecimiento y el desarrollo a través de su tramitación. Creo que pueden ser consideradas de la misma manera que se considera el resto diurno indiferente para el sueño, a través del que podemos llegar al verdadero deseo inconsciente, así como puede accederse al verdadero trabajo exigido por la madurescencia a partir de lo que se genera en cada persona cuando atraviesa cualquiera de las situaciones aludidas.

Reafirmo mi hipótesis también por el hecho de que una persona madurescente puede haber perdido a sus padres en su infancia, puede no haber tenido hijos o tenerlos y que permanezcan en su casa, puede mantenerse sana e, idealmente, podría no haber perdido a ningún coetáneo importante, pero vivirá igual su madurescencia a consecuencia de la segunda moratoria porque es una ley que proviene del mandato de la especie, aunque utilizará en este caso otros «restos diurnos» para expresarla. Algo equivalente sucedería con la percepción consciente del propio envejecimiento (canas, arrugas, pérdida de tono muscular, etc.). En este caso éste sería el problema consciente, mientras que lo que asedia inconscientemente es lo que proviene del mandato filogenético, el verdadero «ombligo de la madurescencia».

Considero, asimismo, que no puede teorizarse sobre fenómenos particulares, porque el valor heurístico lo aportan precisamente los fenómenos universales que legitiman la comprensión de los procesos, en este caso, aquello que proviene de la naturaleza biológica e instintiva, por un lado; y el cuerpo también como universal, por otro, cuando comienza a expresar señales de envejecimiento, a pesar de que el tipo de envejecimiento ligado a la segunda moratoria no puede llegar a hacerse consciente.

Podría pensarse que siendo tan importante la pérdida de la capacidad fértil en la activación de todo este proceso, quien haya tenido hijos se hallaría en una posición ventajosa respecto a quien no los haya tenido, algo con lo que tampoco coincido. Al respecto quiero detenerme en la tragedia *Macbeth*, tal como Freud mismo señala, porque el matrimonio Macbeth llega a una desmezcla pulsional extrema a consecuencia de la infertilidad. En este contexto suele sorprender la frase de Freud (1916*d*) cuando considera que lo que le sucede al matrimonio es «un testimonio de la maldición de la esterilidad y de la bendición de una generación continuada». Al no haber podido cumplir con el plan de la naturaleza, los Macbeth llegan a la orgía de sangre y asesinatos en serie que cometen para intentar tramitar la moratoria madurescente que les espera desde el momento en que el rey Macbeth se entera de que no tendrá descendencia y de que su trono no será heredado por un hijo suyo porque no lo tendrá jamás.

<Resistencias>
Comprensión indirecta de la madurescencia

<Nido vacío>

Envejecimiento, enfermedad o muerte de los padres

Enfermedad crónica o incurable

Muerte de coetáneos

- -

Fertilidad

Diagrama 5.

Considero que los Macbeth asesinaron porque estaban condenados a muerte, pero no porque la transmisión del plasma germinal quedaría interrumpida sin «la bendición de una generación continuada», sino porque carecían de recursos psíquicos para procesar lo que promueve la moratoria madurescente. Sostengo que si el matrimonio hubiera tenido hijos habría vivido la misma desesperación y violencia, quizás desplazada a alguna otra situación que mostrara ser lo suficientemente indiferente como para disfrazar el verdadero dolor. A mayor disponibilidad de recursos psíquicos, mejor posibilidad de tramitar esta moratoria en ausencia de hijos biológicos o simbólicos, pero la carencia de estos recursos promueve un tipo de desmezcla pulsional equivalente a la que expresan los Macbeth.

Finalmente, quiero señalar que estoy en desacuerdo con quienes suponen que la madurescencia se habría retrasado cronológicamente en el último siglo, porque la expectativa de vida humana ha aumentado. Esta puede ser una verdad estadística, pero no es una verdad psicoanalítica, porque el verdadero «ombligo de la madurescencia» proviene de la fuerza del instinto, algo que no podría cambiar en el transcurso de tan pocos años.

Segunda Parte: elementos para una metapsicología de la madurescencia.

Metapsicología de la madurescencia.

La moratoria madurescente tiene que ver con «el punto más espinoso del sistema narcisista, esa inmortalidad del yo que la fuerza de la realidad asedia duramente» (1914c) y que se presenta como un dolor ante la inevitabilidad del propio envejecimiento y la muerte eventual (Montero, 2005, 2009, 2013).

La percepción del propio envejecimiento—desde la lógica del «ombligo de la madurescencia»—es algo que quiero presentar desde una perspectiva similar a lo que sucede en la caverna de Platón (República, VII). El individuo puede ver las sombras que se proyectan, pero desconociendo que están siendo proyectadas, de manera casi equivalente a como se gesta el trabajo del sueño. Es la percepción de un reflejo que evidencia lo que sucede, aunque sólo a través de esta manifestación indirecta. Con esto quiero decir que el envejecimiento que preocupa al individuo madurescente es el que tiene que ver con la segunda moratoria, algo muy difícil de reconocer.

Aquí se abren dos posibilidades de comprensión. La primera podría denominarse la *experiencia con la muerte futura*, e implica la categorización de disruptiva (potencialmente traumática) para una experiencia como la muerte futura que (aún) no ha acaecido efectivamente, considerando que una de las definiciones de trauma comprende aquellos sucesos que amenazan o desbordan la capacidad representacional del aparato psíquico. Aquí enfatizo el adverbio «aún», que significa aquello que «todavía» y «hasta un momento determinado» no ha sucedido, pero implicando algo que inexorablemente se cumplirá. Aquello que «aún» no ha sucedido constituye una presencia psíquica que tiene valor de realidad, siempre presentida, generalmente amenazante, porque pertenece al plano de la segunda moratoria. En este caso el individuo madurescente podría trasladar al futuro la vivencia subjetiva que está sucediéndole en el presente.

Pienso así porque la moratoria madurescente tiene que ver *especialmente* con lo que le sucede al individuo en el presente, razón por la que propongo llamar a este vértice la *experiencia con la muerte presente*, y no sólo con aquello que pueda proyectarse hacia el futuro. Lo que sucede durante la madurescencia es inasible, inadmisible, incomprensible e inefable, porque implica la presencia de una huella biológica imposible de ser representada en el presente madurescente, de ahí su naturaleza disruptiva (potencialmente traumática).

La tensión entre la *experiencia con la muerte futura* y la *experiencia con la muerte presente* promueve una vivencia de incertidumbre que puede registrarse dolorosamente.

También considero que si se tienen en cuenta las reacciones (transformaciones) extremas tan frecuentes que el aparato psíquico se ve precisado a emplear en el intento de tramitar la madurescencia, podrá acordarse que una defensa tan extrema sólo puede corresponderse con un dolor también extremo e inabarcable, posibilitando así inferir el efecto disruptivo (potencialmente traumático) a partir del tipo y de la magnitud de la defensa implementada.

También podría objetarse por qué preocuparía la muerte a una persona si Freud (1915*b*) (1919*h*) mismo se encargó de explicar la imposibilidad intrínseca del psiquismo humano para representar la propia muerte, «pues "muerte" es un concepto abstracto de contenido negativo para el cual no se descubre ningún correlato inconsciente» (p. 58)

(1923*b*) y «en lo inconsciente no hay nada que pueda dar contenido a nuestro concepto de la aniquilación de la vida» (p. 123) (1926*d* [1925]). Propongo que esta condición de imposibilidad representacional estaría añadiendo una nueva evidencia a la dimensión disruptiva (potencialmente traumática) que quiero resaltar para la segunda moratoria.

Las vicisitudes de transformación de la moratoria madurescente.

Freud plantea en *La transitoriedad* (Vergänglichkeit) (1916a [1915]) que se activan tres disposiciones posibles como reacción ante lo transitorio (perecedero), ante aquello que está destinado a desaparecer. Estas disposiciones están en estrecha relación con la posibilidad, la dificultad o la imposibilidad de (re)significación de la moratoria madurescente, constituyéndose en tres transformaciones que describen decursos diferentes (Montero, 2005, 2009, 2013).

Una primera modalidad implicaría una serie de micro-procesos continuos de elaboración ([re]significación) que derivarían en un nuevo equilibrio («el valor de la transitoriedad es el de la escasez en el tiempo») (p. 309). Esta primera actitud ante lo transitorio de la existencia implica la activación de un trabajo de duelo que promueve el cambio psíquico y la (re)significación (relativa) de la moratoria madurescente.

Una segunda modalidad es el enlentecimiento (estancamiento) («el dolorido hastío del mundo») (p. 309), lo que implica una paulatina detención y la consecuente cronificación en ciertos estereotipos personales que derivan en alteraciones de la autoestima y en la imposibilidad de investir nuevos planes o proyectos, casi como si el tiempo se hubiera detenido. Esta segunda modalidad implica una tramitación psicopatológicamente melancólica de la transitoriedad que impide el cambio psíquico y la (re)significación, lo que lleva consecuentemente a la tramitación (relativa) precaria de la moratoria madurescente.

Una tercera modalidad es la aceleración (cambio aparente) («una revuelta contra esa facticidad aseverada») (p. 309) implicando generalmente intentos de huida hacia el pasado con el propósito de «recuperar» vertiginosamente el tiempo perdido, y donde también puede observarse una deficiente regulación de la autoestima, aunque en este caso se invisten diferentes planes o proyectos en los que el único propósito pareciera ser una recuperación utópica de la juventud. Esta tercera modalidad implica una tramitación psicopatológicamente maníaca de la transitoriedad donde también está impedido el cambio psíquico y la (re)significación, y, así como en el caso anterior, también llevaría a una tramitación (relativa) precaria de la moratoria madurescente.

Diferenciación entre la transición madurescente y la crisis madurescente.

La transición madurescente se correspondería con la primera modalidad de procesamiento (relativo) de la segunda moratoria. En este caso se jerarquiza la progresión y continuidad del decurso evolutivo propiamente dicho. La crisis madurescente, por su parte, se correspondería con la segunda y tercera modalidades de procesamiento de la moratoria madurescente.

Tomando en cuenta las consideraciones previas postulo un continuum entre transición y crisis patognomónico de la madurescencia, constituido por el polo de la transición y el polo de la crisis, en cada uno de sus extremos opuestos (Montero, 2005) (Colarusso & Montero, 2007). Desde la perspectiva de este continuum considero que toda persona atraviesa tanto por una transición como por una crisis madurescente en simultáneo, aunque en diferentes proporciones de mezcla. El continuum que propongo implica considerar entonces que la transición y la crisis madurescente mantienen entre sí una relación inversamente proporcional, considerando también que, si bien la libido y la agresión se

**Vicisitudes de transformación
de la moratoria madurescente**

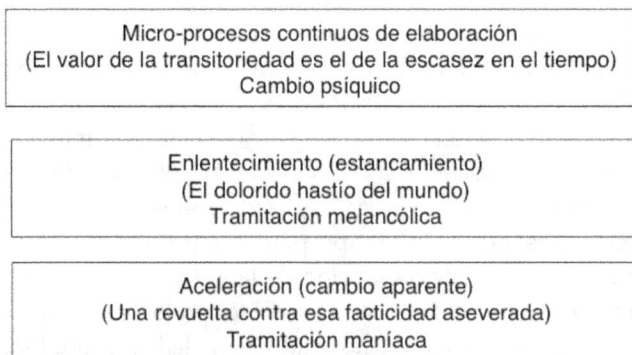

Micro-procesos continuos de elaboración
(El valor de la transitoriedad es el de la escasez en el tiempo)
Cambio psíquico

Enlentecimiento (estancamiento)
(El dolorido hastío del mundo)
Tramitación melancólica

Aceleración (cambio aparente)
(Una revuelta contra esa facticidad aseverada)
Tramitación maníaca

Diagrama 6.

manifiestan en simultáneo, la transición madurescente parecería aludir a una tendencia a la mezcla pulsional y la crisis madurescente a una mayor desmezcla.

Psicopatología de la transición madurescente y de la crisis madurescente.

El tipo de trabajo psíquico que plantea la tramitación de la moratoria madurescente es un trabajo que apunta directamente a la recuperación del *Selbstgefühl* (Freud, 1914c), el sentimiento de sí, la autoestima. Tanto los residuos omnipotentes del narcisismo infantil como la omnipotencia corroborada por la experiencia se ven alterados al inicio de la madurescencia puesto que se activa una crisis narcisista que puede tener diferentes alternativas. En todos los casos, inclusive cuando puede hacerse el procesamiento a través de micro-procesos continuos de elaboración [(re)significación], lo que se pone preponderantemente en primer plano es el funcionamiento del self, entendido éste como regulador de la autoestima, puesto que el reconocimiento de la finitud del propio self implica una herida narcisista que activa vivencias de profundo dolor, abandono y desvalorización personal.

En el caso de los micro-procesos continuos de elaboración [(re)significación] el yo evidencia la preponderancia de un tipo de funcionamiento de yo-realidad, mientras que el contenido de la fantasía suele tener connotaciones de tolerancia a lo que se torna transitorio, imperfecto o perecedero, expresando generalmente una integración entre aquello que se ha logrado con aquello que no ha podido ser, especialmente en el terreno del ideal del yo. Si hiciera una presunción psicopatológica, este tipo de tramitación psíquica podría corresponderse con las psiconeurosis. Desde la perspectiva del self hallaríamos en este caso un tipo de funcionamiento cohesivo del self y una adecuada regulación de la autoestima.

En los casos de tramitación melancólica (enlentecimiento [estancamiento]) y de tramitación maníaca (aceleración [cambio aparente]) se darían dos tipos de elaboración narcisista diferentes, en los que la modalidad de funcionamiento del yo preponderante coincidiría con los tipos de funcionamiento arcaicos del yo (yo-realidad inicial y yo-placer). La fantasía preponderante en el tipo de enlentecimiento (estancamiento) expresa que todo está perdido y que ya nada puede esperarse de la vida; mientras que en el tipo de aceleración (cambio aparente) la fantasía expresa un intento proustiano de «recuperación del tiempo perdido». Psicopatológicamente ambos decursos tendrían que ver con las patologías del narcisismo, especialmente por las limitaciones que impone el tipo de funcionamiento del yo-placer, y en lo fundamental con los trastornos borderline. Desde la perspectiva del self la tramitación melancólica tendría relación con los trastornos narcisistas vueltos hacia la personalidad y la tramitación maníaca se vincularía con los trastornos narcisistas vueltos hacia la conducta.

Estos intentos de recuperación de la autoestima también pueden comprenderse desde una perspectiva autoplástica y aloplástica. En el caso de la tramitación melancólica se dan modificaciones sintomáticas autoplásticas (Freud, 1924e), expresión de las vivencias de desvalorización y sinsentido características (modificación del ambiente interno), dando forma a una especie de delirio de insignificancia (Freud, 1917e [1915]); y en el caso de la tramitación maníaca se dan modificaciones sintomáticas aloplásticas (Freud, 1924e) mediante intentos de recuperación de la autoestima a través de modificaciones evidentes en la conducta manifiesta (modificación del entorno externo). Estas vicisitudes implican la presencia de los mecanismos narcisistas de desmentida e idealización.

Quiero señalar también que la modalidad de tramitación maníaca (aceleración [cambio aparente]) se corresponde con las más clásicas y típicas crisis de la «mitad» de la vida o de mediana edad, también denominadas síndrome Gauguin, o popularmente «demonio del mediodía».

Destaco también que aquello específicamente evolutivo que se activa durante la tramitación de la moratoria madurescente—en este caso el incremento pulsional—posee también una relativa independencia respecto de la psicopatología. Quiero decir que la psicopatología narcisista grave no es necesariamente determinante y condicionante de la dificultad o imposibilidad de tramitación de la moratoria, aunque es un factor a tener en cuenta. De cualquier manera el incremento pulsional añade un vértice a la psicopatología que posibilita una lectura ampliada a la vez que profunda de la madurescencia.

Señalo también que el incremento pulsional aludido puede ser hallado generalmente en el material clínico sin que este planteamiento signifique una consideración especial del mismo durante la sesión, momento en que únicamente es preciso el trabajo en «presente absoluto», tal como se manifiesta el plan de la naturaleza que no tiene propósitos «humanos».

Los universales (invariantes) en la madurescencia.

Si bien considero que el cuerpo es el invariante empírico por excelencia y la fuente principal de estímulos para el inicio de la madurescencia, quiero proponer también cuatro aspectos metapsicológicos a tener en cuenta para comprender el tipo de trabajo psíquico que exigen los procesos de (re)significación requeridos por la tramitación de la segunda moratoria. Estos aspectos están interconectados entre sí, y los describo separadamente sólo a efectos didácticos. Propongo estos cuatro aspectos como invariantes, algo que ofrece la ventaja de salvar las diferentes vicisitudes individuales que cada persona pudiera haber atravesado, para centralizar el análisis en los procesos intrapsíquicos universales y en el estudio de sus transformaciones, los que necesariamente incluyen las innumerables variables de cada vida individual (Montero, 2005, 2013).

Señalo en primer lugar que el individuo que tenga facilitados los procesos de duelo estará en mejores condiciones de tramitar el trabajo psíquico que exige la madurescencia. Una evidencia del fracaso del trabajo de duelo es la adolentización de la función parental durante la madurescencia a través de la cual se intentaría disolver la asimetría natural de la relación padre-hijo.

En línea directa con el tema anterior, la madurescencia implica también una actualización de los ideales del yo. El ideal del yo como representante de los ideales simbólicos planifica «un estado de devenir» (Hanly, 1983, p. 191), siempre y cuando este devenir pueda ser aceptado por el sujeto. En caso contrario reemergerán aspectos del yo-ideal que como representante de los ideales narcisistas exigirá «un estado de ser» (Hanly 1983, p. 191) en el que el paso del tiempo quede abolido. Entre el ideal del yo y el yo-ideal existe una relación equivalente a la que existe entre un hombre y un héroe: a la mansedumbre humana del ideal del yo que intenta una elaboración se le opondría la tiranía heroica del yo-ideal que exige confirmar los crónicos anhelos de inmortalidad.

La madurescencia también implica una reactivación de la conflictiva pre-edípica y edípica. Las pérdidas reales y las amenazas de pérdidas son fuente de reactivación del conflicto esquizoide (ansiedades de abandono). Respecto del conflicto de Edipo (angustia de castración), la madurescencia facilita la (re)emergencia de fantasías parricidas e incestuosas. Ya anticipé en el acápite acerca de las «resistencias» que la (re)emergencia del conflicto edípico también se da en aquellas personas que pudieron haber perdido a sus padres con antelación o que

Los universales (invariantes) en la madurescencia

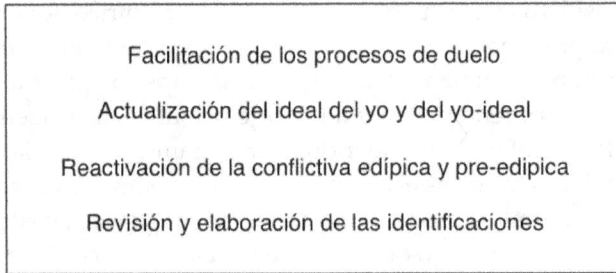

> Facilitación de los procesos de duelo
>
> Actualización del ideal del yo y del yo-ideal
>
> Reactivación de la conflictiva edípica y pre-edipica
>
> Revisión y elaboración de las identificaciones

Diagrama 7.

no hubieran tenido hijos, puesto que aunque fuera posible imaginar que no estuvieran relacionados con equivalentes simbólicos de padres e hijos, el tipo de reacción que promueve la segunda moratoria tendría lugar igualmente.

Finalmente, considero de importancia fundamental la revisión y elaboración de las identificaciones primarias y secundarias como parte de la tramitación de la moratoria madurescente. Las identificaciones están en directa relación con el yo-ideal y con el ideal del yo, y sufren las mismas vicisitudes de desidentificación y las nuevas identificaciones que éstos puesto que quedan también sujetas a revisión. La desidentificación como proceso característico durante la madurescencia implica una toma de distancia y discriminación del discurso parental y social originario, y una reconsideración y conexión con el propio discurso, así como una tramitación eventual del telescopaje de las generaciones (Faimberg, 1985).

Estos cuatro elementos detallados son los que permiten inferir metapsicológicamente el tipo de trabajo psíquico que exige la madurescencia. «Esa inmortalidad del yo que la fuerza de la realidad asedia duramente» puede considerarse como una demanda de transformación del narcisismo.

Tercera parte: elementos para una clínica de la incertidumbre.

Clínica de la incertidumbre.

¿Cómo es posible determinar que el proceso de tramitación de la madurescencia promueve el crecimiento y el desarrollo?

Quiero presentar cinco indicadores que serían consecuencia directa de la tramitación (relativa) de la segunda moratoria, uno central y cuatro subsidiarios (Montero, 2008, 2013).

El reconocimiento de la incertidumbre (*mors certa, hora incerta*) es un indicador de la elaboración de la madurescencia y se relaciona con la transitoriedad de la existencia. Esta vivencia proviene directamente de la percepción inconsciente de que lo que queda por vivir y está relacionada con la segunda moratoria y sus efectos psíquicos.

Quiero señalar que Freud (1919*h*) aludió a la incertidumbre vinculándola con lo ominoso, algo que en su grado máximo puede promover un tipo de defensas extremas que son evidentes en las crisis madurescentes, porque la intolerancia a la incertidumbre presenta lo ominoso de manera directa en la vida psíquica rompiendo la integración psíquica (Colarusso & Montero, 2011).

Detallo dos viñetas clínicas que pondrán en evidencia la trascendencia que posee el concepto. El primero de los ejemplos trata de un profesional de éxito de cuarenta y cinco años, casado y padre de tres hijos, que llega a la sesión muy angustiado por «la situación del país», ya que considera que está volviéndose «muy poco segura», algo que le lleva a iniciar un paulatino proceso de rescate de su patrimonio en el exterior, como para «preservar su futuro» y el de sus hijos. Quiero ofrecer una interpretación a manera de ejemplo de cómo puede reconocerse e intentar tramitar la incertidumbre durante el inicio de la madurescencia:

> —*Yo no tengo dudas de que podrá encontrar la manera de preservar su patrimonio, pero creo que lo que me está contando es algo mucho más profundo: su preocupación por encontrar algún lugar a salvo de la incertidumbre que le plantea la vida adulta. Porque cuando habla de «la situación del país», está hablando de su situación como adulto, urgido de administrar la enorme cuota de incertidumbre a la que se enfrenta todos los días. Asimismo, quizás también aluda a «la situación del análisis», el que en lugar de ofrecerle un consuelo que le tranquilice, le plantea enfrentarse permanentemente a una serie de preguntas que se formulan una y otra vez y que generalmente no tienen respuesta.*

El segundo ejemplo clínico trata de un profesional de éxito de cincuenta años, divorciado y padre de cuatro hijos. Tiene mucho «miedo a volar» (en avión), según sus palabras, algo que entra en conflicto con la profesión que ejerce porque le obliga a realizar reiterados viajes. Comenta la cantidad de tranquilizantes que toma cuando viaja. A punto de realizar otro viaje llega a la sesión demudado y angustiado, rogándole al analista que le asegure que el avión no se va a caer:

> —Yo no le voy a decir a usted que es un miedoso porque usted mismo se encarga de decirlo a cada rato, pero me parece que lo que me pide cuando alude al temor a volar es que le asegure que no se va a morir. Y yo no puedo mentirle: algún día usted también se va a morir, igual que yo o que cualquier otra persona. Creo que me lo pide de la misma manera que alguno de sus hijos podría estar pidiéndole que le tranquilice ante algún temor; pero sus hijos todavía están obligados a creer que el padre tiene la solución para todos los problemas y temores, porque todavía son chicos. Como usted ya es grande, yo no le ayudo si le infantilizo mintiéndole y diciéndole que el avión no podría caerse, porque, de hecho, algunas veces los aviones se caen en pleno vuelo. Creo que le ayudo, sin embargo, si consigo que no se caiga «el avión del análisis», algo que podremos mantener en pleno vuelo si reconoce la incertidumbre natural a la que tiene que acostumbrarse por el simple hecho de ser adulto.

Considero que esta vivencia de incertidumbre es el núcleo clínico a partir del que puede elaborarse la irrupción de la madurescencia. El primer caso implica una relativa integración de la incertidumbre, mientras que el segundo, al ser tan notoria la preocupación por la muerte, estaría indicando precisamente el fracaso de esa integración.

En este punto comienza a ser importante la consideración acerca de lo que efectivamente sucede en el proceso psicoanalítico, porque la disposición del analista hacia su propia vivencia de incertidumbre será un factor imprescindible para poder acompañar un proceso análogo en el paciente. Suelo referirme a esta temática como la cesura de la incertidumbre en la madurescencia, proponiendo la existencia de una cesura (Bion, 1977) entre paciente y analista que será patognomónica de ese único proceso de análisis. A través de esta cesura podrá investirse y desinvestirse—muchas veces en simultáneo—la incertidumbre que entre ambos están generando, facilitando o impidiendo la elaboración. A la vez, pareciera que la cesura de la incertidumbre «está viva» y muta permanentemente su rostro y su ropaje, según el paciente y el analista se aproximen a ella o se distancien.

Quiero señalar también que coincido con los planteamientos de Edward Said (2006) acerca del «estilo tardío» en la creación literaria y musical de varios artistas. Estos son ejemplos de quienes han podido integrar la vivencia de incertidumbre a su creatividad, algo que potencia su producto hacia una apertura que evidencia una alternativa de compromiso individual no regulada por el espíritu de la época. Queda abierta la pregunta acerca de la traslación de este «estilo tardío» a la vida cotidiana de cualquier persona, no necesariamente un artista, propósito que también sería imprescindible investigar.

Por estas razones propongo la integración de la incertidumbre—el indicador clínico por excelencia de la tramitación psíquica de la madurescencia—en tensión permanente con la desintegración implícita cuando aparece la preocupación por la muerte, por supuesto que siempre en casos de ausencia de enfermedad física (Ciancio de Montero & Montero, 2008).

Suelo sostener que quien teme envejecer y morir es porque ha detenido su crecimiento y desarrollo. Cuando la incertidumbre está integrada el individuo se dedica a vivir, reconociendo el envejecimiento como algo natural, a pesar de que siempre se manifieste a través de «el punto más espinoso del sistema narcisista».

Subsidiario de la vivencia de incertidumbre propongo el reconocimiento del odio y la destructividad hetero y autodirigidos como inherentes a la naturaleza humana. Jaques (1965) fue el primero en indicar que la crisis de la «mitad» de la vida implicaba también este reconocimiento, una consecuencia directa de la (relativa) tramitación de la madurescencia, algo que se decanta de la (re)actualización y (re)elaboración del conflicto de Edipo. Este reconocimiento devendría también de la ambivalencia afectiva constitucional inherente a la naturaleza humana.

Durante la madurescencia puede suceder también un cambio en la percepción subjetiva del tiempo, algo que implica una valoración diferente del presente, a la vez que se (re)significan el pasado y el futuro en crónico conflicto bifronte, experiencia insondable que queda subsumida en la incertidumbre del presente en un proceso circular y permanente.

Un tercer elemento que decanta de la vivencia de incertidumbre tiene que ver con una nueva integración de la historia personal, posibilitando una resolución diferente de la novela familiar (Freud, 1909c [1908]) y del mito personal. De manera similar se expresa Bollas (1989) cuando diferencia entre hado (fate) y destino (destiny), y distingue sus orígenes, propósitos y la eventual transformación del hado en destino, algo que puede considerarse específico de la madurescencia por la fuerza de la filogenia y de la biología extendida puesta en juego durante la misma.

Finalmente, y como cuarto elemento subsidiario, puede darse un anclaje de la historia individual en la historia generacional como consecuencia de la nueva integración de la historia personal. Este proceso se operaría simultáneamente en dos direcciones. Un vector apunta hacia el pasado y el otro hacia el futuro. El vector que apunta hacia el pasado implica un proceso que promueve una (nueva) adquisición de la historia familiar (generacional), diferente de la que se opera con la identificación primaria; mientras que el vector que apunta hacia el futuro implica la delegación de los «atributos» (símbolos) de la juventud en la nueva generación en un proceso que implica la resolución del conflicto de confrontación generacional en todas sus variantes. Esta transmisión generacional (hacia las generaciones precedentes y hacia las generaciones subsiguientes) evidencia la tramitación de la moratoria madurescente.

Estos serían los cinco indicadores clínicos—uno central y cuatro subsidiarios—de una (relativa) transformación del trabajo psíquico que exige la madurescencia. El logro de la madurescencia como crecimiento y desarrollo tiene un denominador común: el reconocimiento de la incertidumbre.

Clínica de la incertidumbre en la madurescencia

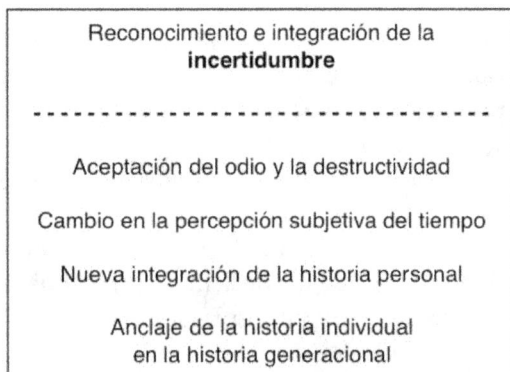

Reconocimiento e integración de la **incertidumbre**
- -
Aceptación del odio y la destructividad
Cambio en la percepción subjetiva del tiempo
Nueva integración de la historia personal
Anclaje de la historia individual en la historia generacional

Diagrama 8.

Notas

1. La palabra *madurescencia* constituiría un neologismo y un barbarismo filológico en castellano, a pesar de que en latín exista *maturescentia* y *maturescens* con el significado de *madurar* (de *maturitas-atis*: madurez de la edad). La palabra *adolescencia*, por su parte, deriva del latín *adolescensntis* (de tercera conjugación) significando *el que está creciendo*. La palabra está compuesta por el prefijo *ad* (*hacia*) y el verbo *alescere* (crecer o desarrollarse). Adopto *madurescencia*, por las razones a las que aludí en el párrafo y porque ya tiene una cierta difusión en la medicina. Nótese que existe el equivalente inglés de la expresión en *middlescence* y *middlescent*, de utilización reciente.

2. Cuando entrecomillo la palabra «*su*» en la expresión «*su*» *inmortalidad* quiero enfatizar el carácter estrictamente narcisista de la búsqueda. No estoy de acuerdo con quienes aluden a la «*hierba de la inmortalidad*» porque el héroe que la busca trata de conquistarla para sí mismo, más que para toda la comunidad.

3. A partir de este momento cada vez que aluda conjuntamente al climaterio masculino y a la menopausia femenina voy a hacerlo sólo con la palabra *climaterios* en plural.

4. Aquí y en las citas siguientes el resaltado es mío.

Bibliografía

Bion, W. R. (1977). *Two Papers: the Grid and the Caesura*, Karnac Books, London 1989 (Versión original: Imago Editora, Rio de Janeiro, 1977).

Blos, P. (1979). *The Adolescent Passage. Developmental Issues*, International Universities Press, Madison (Versión castellana: *La transición adolescente*, Amorrortu Editores, Buenos Aires, 1981).

Bollas, C. (1989). *Forces of Destiny: Psychoanalysis and Human Idiom*, Free Association Books, London (Versión castellana: *Fuerzas de destino: Psicoanálisis e idioma humano*, Amorrortu Editores, Buenos Aires, 1993).

Ciancio de montero, A. M. & Montero, G. J. (2008). *Para comprender la mediana edad: historias de vida*, Entrevía Editorial, Buenos Aires.

Colarusso, C. & Montero, G. J. (2007). *Transience during Midlife as an Adult Psychic Organizer: The Midlife Transition and Crisis Continuum*, en The Psychoanalytic Study of the Child, volumen 62.

Colarusso, C. & Montero, G. J. (2011). *Developmental and Psychopathological Issues of Intrapsychic Loneliness and Aloneness during Midlife: A Clinical Case*, en Psychoanalysis, volumen 22, The Korean Association of Psychoanalysis.

Erikson, E. H. (1951). *Childhood and Society*, W. W. Norton, New York (Versión castellana: *Infancia y sociedad*, Hormé, Buenos Aires, 1963).

Faimberg, H. (1985). *El telescopaje de generaciones: la genealogía de ciertas identificaciones*. Revista de Psicoanálisis, Asociación Psicoanalítica Argentina, tomo 42.

Freud, S. (1909c [1908]). *La novela familiar de los neuróticos*, Amorrortu Editores, tomo 9.

Freud, S. (1910c). *Un recuerdo infantil de Leonardo da Vinci*, Amorrortu Editores, tomo 11.

Freud, S. (1912c). *Sobre los tipos de contracción de neurosis*, Amorrortu Editores, tomo 12.

Freud, S. (1914c). *Introducción del narcisismo*, Amorrortu Editores, tomo 14.

Freud, S. (1915b). *De guerra y muerte. Temas de actualidad*, Amorrortu Editores, tomo 14.

Freud, S. (1915c). *Pulsiones y destinos de pulsión*, Amorrortu Editores, tomo 14.

Freud, S. (1916a [1915]). *La transitoriedad*, Amorrortu Editores, tomo 14.

Freud, S. (1916d). *Algunos tipos de carácter dilucidados por el trabajo psicoanalítico*, Amorrortu Editores, tomo 14.

Freud, S. (1916–1917 [1915–1917]). *Conferencias de introducción al psicoanálisis*, Amorrortu Editores, tomo 16.

Freud, S. (1917e [1915]). *Duelo y melancolía*, Amorrortu Editores, tomo 14.

Freud, S. (1919h). *Lo ominoso*, Amorrortu Editores, tomo 17.

Freud, S. (1920g). *Más allá del principio de placer*, Amorrortu Editores, tomo 18.

Freud, S. (1921c). *Psicología de las masas y análisis del yo*, Amorrortu Editores, tomo 18.

Freud, S. (1923b). *El yo y el ello*, Amorrortu Editores, tomo 19.

Freud, S. (1924e). *La pérdida de la realidad en la neurosis y la psicosis*, Amorrortu Editores, tomo 19.

Freud, S. (1926d [1925]). *Inhibición, síntoma y angustia*, Amorrortu Editores, tomo 20.

Freud, S. (1933a [1932]). *Nuevas conferencias de introducción al psicoanálisis*, Amorrortu Editores, tomo 22.

Freud, S. (1937c). *Análisis terminable e interminable*, Amorrortu Editores, tomo 23.

Hanly, C. M. T. (1983). *El ideal del yo y el yo ideal*, Revista de Psicoanálisis, Asociación Psicoanalítica Argentina, tomo 40 (La versión inglesa es posterior a la versión castellana: *Ego Ideal and Ideal Ego* (1984), International Journal of Psychoanalysis, tomo 65).

Jaques, E. (1965). *Death and the Midlife Crisis*, International Journal of Psycho-Analysis, tomo 46. Versión castellana: Revista de Psicoanálisis, Asociación Psicoanalítica Argentina, 1966, tomo 23.

Montero, G. J. (2005). *La travesía por la mitad de la vida: exégesis psicoanalítica*, Homo Sapiens, Rosario.

Montero, G. J. (2009). *Elementos para una metapsicología de la mediana edad y su relación con la muerte*, en Revista de Psicoanálisis, tomo LXVI, Asociación Psicoanalítica Argentina.

Montero, G. J. (2013). *Elements for a Metapsychology about Midlife*, en Montero GJ, Ciancio de Montero AM & Singman de Vogelfanger L: Updating Midlife: Psychoanalytic Perspectives, Karnac Books, Londres.

Rawson, H. (1995). *Dictionary of Euphemisms and Other Double Talk*, Crown Publishers, New York.

Said, E. (2006). *Sobre el estilo tardío. Música y literatura a contracorriente*, Debate, Barcelona, 2009.

CAPÍTULO TRECE

Entrevista con *Leo Rangell* (USA)

GJM: Doctor Rangell, ¿considera usted que existe algo que pueda denominarse crisis de mediana edad y que es oportuno hablar de algo que pudiéramos denominar así?

LR: Sí, yo creo que es o que puede ser una entidad diferenciada, del mismo modo que me parece un concepto sobre el que es importante hablar.

GJM: ¿Por qué cree eso?

LR: Porque puede ser un período de la vida muy ruidoso, que puede abarcar un cambio repentino en la experiencia desde la satisfacción hasta una preocupación aplastante y una insistente falta de satisfacción, coincidiendo con una vivencia generalizada de angustia flotante y/o también depresión. El afecto general es que no todo está bien, y que la trayectoria de la vida se encuentra en un *impasse* o incluso en un declive.

GJM: ¿Por qué sucede esto?

LR: Esa es la esencia de nuestra entrevista; esa es la pregunta principal. ¿Tiene tiempo ahora para escuchar lo que opino acerca del tema?

GJM: Sí, claro.

LR: Va a ser una respuesta larga, quizás demasiado larga. ¿Va a tomar notas o está grabando lo que hablamos?

GJM: Estoy grabando la entrevista. Puede hablar libremente.

LR: Si usted recuerda, Freud dijo que la esencia de una buena vida es poder tener amor y un trabajo que nos satisfaga, y disfrutar de ellos. En 1963, añadí a este dúo un tercer factor, la categoría de nuestras amistades. En un trabajo *Sobre la amistad* publicado en el *Journal of the American Psychoanalytic Association*, escribí que las amistades, nuestras relaciones horizontales con compañeros, son tan necesarias como las relaciones verticales, como son las edípicas, empleador-empleado, padre-hijo, padres-hijo. Pienso que las amistades, los compañeros, son necesarios durante toda la vida, y cuando nos faltan o se ven atravesadas por la envidia u otro tipo de afectos molestos, pueden llegar a ser tan patológicas en sus efectos como cualquier disrupción seria en cualquiera de las relaciones verticales. Cualquiera de éstas puede ser el inicio de un sentimiento de crisis.

Lo que creo que genera una crisis en el medio de nuestra vida, a la que sitúo más o menos alrededor de los cuarenta y cinco, entre los cuarenta y los cincuenta, momento en el que llega el tiempo crucial de una preparación para la segunda mitad de nuestra vida. Creo que un problema en ese período, en esa década, puede suceder si existe una insatisfacción repentina y abrupta experimentada en el amor, el trabajo o la amistad. Cuando estas tres líneas de interrelaciones han sido satisfactorias, o prometen continuar brindando confort, placer y diversión, uno puede establecerse tranquilamente y no sentir preocupación alguna. Pero cuando sucede un cambio inesperado hacia la dirección de la insatisfacción proviniendo de cualquiera de estas tres grandes áreas, una preocupación por el amor, la ruptura en la satisfacción con algún compañero, o la repentina pérdida del éxito laboral, esto puede iniciar una vivencia emocional que cambie la dirección de la trayectoria de la vida, desde una con satisfacción creciente hasta una de dudas y preocupaciones acerca de si la satisfacción continuará o no. Si uno siente que lo que va a encontrar probablemente no produzca el mismo nivel de confort que el experimentado en la primera mitad de la vida, aparece la angustia y puede comenzar un declive. Esa amenaza puede provenir de una disrupción repentina por un divorcio inesperado, la quiebra en algún negocio, o el rechazo del mejor amigo, alguien de quien hemos dependido toda la vida. Yo no me refiero aquí a cambios triviales, sino a las relaciones más importantes.

Cuando al imaginar la segunda mitad de la vida aparecen más dudas que seguridad, está preparada la cama para una crisis de mediana edad, la que puede aparecer en las ropas de la angustia o la depresión, o con ambas, yaciendo en el futuro inmediato o distante. Eso responde a la pregunta de si la crisis de mediana edad sucede y por qué pienso que sucede.

GJM: Muy bien. Esta sería su definición de mediana edad.

LR: Eso es lo que entiendo que puede ser diagnosticado en un paciente, o en cualquier persona, como una crisis de mediana edad.

GJM: ¿Cómo podría hablar de la promoción del desarrollo durante la mediana edad? Leí en algunos trabajos suyos de hace muchos años cómo puede promoverse el desarrollo a través del proceso de duelo. Algunas veces durante la mediana edad, pueden ocurrir procesos de duelo que promueven el desarrollo, ¿me comprende?

LR: Sí, por supuesto. Yo no escribí específicamente sobre la crisis de la mediana edad, pero la depresión y la angustia están presentes en todos mis trabajos como los afectos centrales que personifican el displacer. Tengo muchas ideas sobre duelo *versus* angustia, lo que es algo muy diferente, la cuestión de lo que es el núcleo de la neurosis que ocasiona la defensa. No sé a qué se refiere exactamente. Si se refiere a la diferencia que tengo con Charles Brenner cuando sostiene que la angustia y lo que él llama afecto depresivo, ambos como motivos de defensa ...

GJM: La pregunta es simple: ¿Cree usted que los procesos de duelo pueden promover el desarrollo?

LR: Respecto a eso, yo preferiría hablar del trauma de cualquier tipo, del trauma, la neurosis traumática, el duelo o la angustia severa, porque para cualquier persona librarse de esos problemas resulta muchas veces cumplir con algo que va más lejos de la superación de la amenaza de su seguridad. Uno debería sentirse estimulado para las acciones positivas, o para desarrollos reparadores en el futuro inmediato como resultado de haber sufrido y sobrevivido. Sobrevivir después de un sufrimiento enorme puede derivar en una confianza renovada, en una satisfacción profunda y en la convicción de ser capaz de superar los traumas en el futuro. Es así como se transforma en un paso positivo en el desarrollo.

GJM: Muy bien. Segunda pregunta: Muchas veces podemos entender la mediana edad como una etapa equivalente a la adolescencia. ¿Puede considerar la mediana edad como una etapa del desarrollo de la misma manera en que consideramos a la adolescencia como tal?

LR: Pero la crisis de la mediana edad no se da siempre. No es un estado del desarrollo necesario sino frecuente, y resulta otro desafío en el arco de la vida, un desafío para afrontar problemas que vienen desde dentro y desde fuera. Muchas veces el estímulo proviene desde dentro más que desde fuentes externas, pero puede resultar algo tan profundo como un proceso de duelo por una pérdida. A pesar de todo, yo no considero el duelo como equivalente de la angustia, son dos condiciones diferentes.

La superación de los traumas de cualquier tipo puede ser un estímulo para la promoción del desarrollo o puede promover una crisis de mediana edad cuando uno se siente incapaz de afrontarlos. Puede ver muchas personas después de una crisis que se elevan mucho más alto la segunda vez que la primera, o sea, mucho más que en la primera parte de sus vidas. Puede hallar personas que a los setenta u ochenta años se convierten en grandes artistas, sin que hubieran expresado ese talento con anterioridad. Pueden participar en política, en ciencia, o pueden manifestarse en cualquier otro área de creatividad o actividad relacionada.

GJM: Con estas entrevistas también estamos tratando de abarcar un marco desde el que pueda comprenderse la mediana edad desde una perspectiva freudiana. ¿Cuáles son, a su criterio, los conceptos freudianos más importantes para comprender los procesos de la mediana edad?

LR: Creo que los trabajos que podemos relacionar con la superación de la crisis de la mediana edad son los mismos que los que están apareciendo ahora acerca de la resiliencia. La resiliencia del carácter humano bajo circunstancias adversas. Tienen que ver con personas que han sobrevivido al holocausto y con la resiliencia que tuvieron para superar las humillaciones increíbles que sufrieron. Algunas veces pueden verse logros gloriosos, muy nobles, porque el ser humano tiene tanto la capacidad de avanzar como de caer en una regresión. Creo que todos los trabajos de Freud están equilibrados de esa manera. La gente suele suponer que el psicoanálisis sólo habla de las partes oscuras y peligrosas de la vida, pero también apunta a los aspectos positivos y creativos. Y no preocupa si esto sucede durante la mediana edad, la adolescencia, en un ambiente geriátrico, o en la juventud. Creo que existen muchas similitudes y diferencias en la comparación de las cosas. Creo que todo lo que he escrito acerca de cómo puede superarse la angustia es válido en cualquier etapa de la vida, incluyendo la crisis de la mediana edad. Así que no creo que sea tan única o diferente.

GJM: Voy a preguntarle algo que ya hemos tratado en el DVD que hemos grabado sobre la mediana edad. En el mismo, siempre les pregunto a nuestros colegas si consideran, en este caso, si usted considera, que la mediana edad es el resultado psíquico del proceso de envejecimiento del cuerpo. Creo que la adolescencia es el resultado psíquico del proceso puberal del cuerpo y que la mediana edad es el resultado psíquico del proceso de envejecimiento del cuerpo. ¿Estaría de acuerdo con esta definición?

LR: Las dos están relacionadas aunque separadas. Desde el advenimiento del psicoanálisis y de la psiquiatría dinámica, no puede hacerse demasiada separación entre la mente y el cuerpo. Una parte influencia y complementa a la otra. A pesar de lo cual, existe una línea demarcatoria. El cáncer es una crisis en el cuerpo, pero no es una indicación de que viene acompañado por un factor neurótico añadido, que ocasione una crisis mental; porque también existe una manera realista de afrontarlo. Cualquier afección o deterioro corporal tiene sus secuelas realistas que no incluyen necesariamente lo irracional. La crisis de la mediana edad no es siempre un añadido a las enfermedades corporales, pero normalmente sucede en ausencia de las mismas. La verdadera crisis es psíquica, no en el cuerpo sino en la mente—y no es típicamente el resultado de procesos corporales.

GJM: Por supuesto, pero la percepción, la percepción subjetiva del propio proceso de envejecimiento puede comenzar …

LR: Sí, la percepción del proceso de envejecimiento, a pesar de que dijimos que puede comenzar a los cuarenta y cinco años, recuerde que envejecemos con cada minuto que pasa—la crisis que es parte del síndrome en la mediana edad no tiene que ver con el envejecimiento, sino que resulta de una percepción equivocada de las cosas. Incluso personas de noventa años pueden sentirse de muy diferentes maneras. Míreme a mí (se ríe), la gente cree que no tengo los años que tengo, pero eso no es verdad, los siento mucho ahora, de verdad, los siento mucho, especialmente en este mismo momento.

GJM: Otra pregunta: ¿Cómo podría definir el punto de partida de la mediana edad? ¿Cuál sería ese punto de partida? Usted ha comentado anteriormente las pérdidas objetales y las amistades, pero ¿cuál es, desde su perspectiva, el punto de partida más importante para la mediana edad?

LR: Yo dije que llegar a los cuarenta y cinco, pero no existe un único punto de partida, porque podrían ser los cuarenta o los sesenta. Hay personas que son viejas a los cuarenta mientras que otras son jóvenes a los setenta.

GJM: Por supuesto, pero cuál es la diferencia. ¿Por qué alguien puede ser viejo a los cuarenta y joven a los setenta?

LR: Eso tiene que ver con la manera propia de ver las cosas. Algunas personas ven la botella medio llena, otras la ven medio vacía. Por la misma razón uno puede ver las cosas de manera pesimista u optimista a los cuarenta, a los cincuenta o a los sesenta.

GJM: De acuerdo, pero si me permite preguntarle algo más: ¿Por qué hay personas que ven el vaso medio vacío y otras medio lleno? ¿Qué marca la diferencia?

LR: La combinación de estos elementos es lo más frecuente. Generalmente uno no llega a un derrumbe completo; la gente sigue adelante a pesar de cualquier evento preocupante, utilizando alguna forma de pensamiento positivo que la sostiene. Pero siempre se trata de lo que sucede *versus* lo que la persona espera que suceda o ansía que suceda. Si existe una gran diferencia entre estos dos niveles puede encontrarse un esfuerzo en contra del poco rendimiento. Si uno tiene pocas expectativas en la vida, si sólo pretende leer el diario, si sólo socializa poco y no pretende demasiado, la misma decepción nos puede ocasionar una gran angustia o una crisis.

GJM: Muy bien. ¿Cuál es la diferencia entre mediana edad y vejez? ¿Qué opina al respecto?

LR: Una gran diferencia es el estado del cuerpo, ahí es donde el cuerpo comienza a tomar parte. En la vejez cada parte del cuerpo, como el mío (se ríe), comienza a fallar. Veo algunas personas de setenta u ochenta años jugando al basket o al baseball con mucho vigor; así como veo a otros que se derrumban y se sienten débiles. Creo que lo más importante es el estado de la mente, pero el estado del cuerpo es otra cosa.

GJM: Y el estado de la mente puede aportar la vivencia de satisfacción o cumplimiento. Si usted cree que ha cumplido con sus deseos, con sus expectativas en la vida, creo que eso puede ayudar también al cuerpo, ¿es así?

LR: Sí, definitivamente, ese es el efecto psicosomático. Después de todo, hemos establecido un vínculo psicosomático muy fuerte en el psicoanálisis. No separamos la mente del cuerpo de manera tan radical. El cuerpo y la mente son un todo, la mente y el cerebro son uno, y existe una conexión muy estrecha entre los dos. La mente afecta al cuerpo y el cuerpo afecta a la mente.

GJM: Pero, podríamos entender el cuerpo como anterior a la mente ...

LR: Seguro, pero los efectos a uno y otro lado existen.

GJM: Muy bien. Me gustaría preguntarle algo acerca de una idea de Freud expresada en *Introducción del narcisismo,* cuando sostiene que el punto más espinoso del sistema narcisista es el desafío de la realidad a la inmortalidad del yo.

LR: ¿Usted se refiere a la relación entre los pensamientos acerca de la inmortalidad y la existencia de la realidad?

GJM: Sí, la inmortalidad del yo desafiada por la realidad.

LR: ¿Se refiere al miedo a la muerte?

GJM: Podría ser. ¿Podría decir algunas palabras sobre el tema?

LR: Quizás haya existido una devaluación del miedo a la muerte en el psicoanálisis. Es algo muy interesante. Yo creo que el yo es muy práctico; no creo que esté preocupado con grandes cuestiones filosóficas sobre el fin del mundo o el fin de la vida, ni sobre grandes cuestiones religiosas. Pero creo que, en general, la mente del hombre común está ocupada con muchos problemas prácticos y diferentes permanentemente y no pierde el sueño con el problema de que alguna vez morirá, incluso en la vejez. Uno esperaría que la realidad se encargara de que los pensamientos acerca de la inmortalidad quedasen fuera de la vista, dado que la realidad es, especialmente cuando uno llega a cierta edad, lo que uno vive momento a momento, porque todo puede terminar en un solo segundo. El yo no está preocupado con eso, el yo es más práctico, más filosófico, y acepta lo inevitable, mucho más que lo que estaríamos dispuestos a aceptar de antemano. Creo que cuando uno comienza a estar preocupado por la muerte, es porque se ha transformado en una obsesión más que en la aceptación de algo normal en la vida. En la progresión normal, el yo es mucho más libremente pasivo en la aceptación de la vida de lo que uno podría pensar.

GJM: Esta es una idea muy interesante, aunque no es tan común oírla.

LR: Dado que hemos acordado que podemos desarrollar las ideas espontáneamente, así es como nacen las ideas. Las ideas nacen espontáneamente en las discusiones y conversaciones.

GJM: Estoy de acuerdo con usted.

LR: Y lo que le estaba diciendo es que el yo es mucho más práctico, menos temeroso y mucho más filosófico. Podemos pensar que cualquier persona teme a su muerte porque ésta puede ocurrir siempre, pero es en la neurosis cuando se inicia este tipo de pre-ocupación. Generalmente uno acepta los estigmas o enfermedades con los que uno nace. El individuo, incluso cuando es un bebé, un niño pequeño o una niña, que debe adaptarse a estas fuerzas, tiene mucha fuerza adaptativa en el yo que es subestimada. No debemos olvidar que el yo implica una adaptación a la realidad.

GJM: Una última pregunta. ¿Le gustaría añadir alguna respuesta acerca de aquello en lo que esté interesado ahora, en lo que esté trabajando ahora?

LR: Yo trabajé muchos años pensando en los procesos de decisión inconscientes. Es decir, que la mayoría de las grandes decisiones de la vida no son tomadas conscientemente, sino que son preparadas por el inconsciente y luego son hechas oficiales por la vida consciente. Esto es, cuando uno decide las grandes cuestiones de la vida, por ejemplo en la vida afectiva, en la elección de una carrera, en la decisión de si uno es liberal o conservador, todas estas decisiones tienen lugar en el inconsciente, en el estrato al que no le prestamos atención alguna. Los problemas en estos procesos suceden día y noche. Tenemos «pesadillas diurnas» [«day-mares»] tanto como pesadillas nocturnas [nightmares], y sueños diurnos tan importantes como los sueños nocturnos. Yo creo que existe una devaluación de la actividad del proceso secundario en el inconsciente a lo largo de toda la teoría psicoanalítica, esta es la razón por la que dediqué tantos años a este tema en mis escritos.

GJM: Quisiera agradecerle muchísimo esta entrevista.

LR: También ha sido un placer para mí. Gracias.

CAPÍTULO CATORCE

Respuestas al cuestionario

David Rosenfeld (Argentina)

Sección uno: definición

1.1 ¿Considera que existe y que conviene hablar de algo que denominemos mediana edad?

En un nivel psicológico (de acuerdo con el análisis filosófico de Jean Paul Sartre), la mediana edad no existe como "cosa-en-sí-misma". La "actuación" tampoco existe como "cosa-en-sí-misma". Es una definición utilizada por los psicoanalistas para describir algunas conductas. Lo mismo sucede con el concepto de mediana edad: es algo que el analista define en su campo de trabajo. No es algo que exista en sí mismo. Es un concepto muy interesante, pero no debería formularse en abstracto.

Podemos hablar de la mediana edad o de la edad media de la vida: 1) a nivel biológico, o 2) como un concepto psicológico. La mediana edad de un paciente que es capaz de introspección, *insight*, y que puede comprender que ha recorrido un largo camino en la vida y que le queda una mitad de la vida para vivirla.

Respecto a la edad biológica, debemos especificar la clase social de cada individuo: si nos referimos a personas de clase media o alta—en quienes se basan la mayoría de las investigaciones psicoanalíticas recientes—, es decir, pacientes que viven en las áreas urbanas del mundo occidental desarrollado, en ciudades como París, Londres, Estocolmo, Nueva York, etc., en cuyo caso, podemos decir que la longevidad es ahora mucho mayor que lo que era cuando aparecieron los primeros trabajos sobre el tema, hace más de cuarenta años. En la actualidad, la expectativa de vida en estas ciudades es de ochenta años o más.

Pero en los países africanos como Burundi, Etiopía, Congo, Somalia el desierto de Darfur, el promedio de la mediana edad, de acuerdo con la expectativa de vida, puede ser los seis años. En estos lugares, los niños de seis a once años mueren en las calles de hambre, de falta de agua potable, de epidemias. Esta es una información directa de amigos y médicos que trabajan en *Medicins du Monde.*

Por eso, biológicamente hablando, estarán en su mediana edad a los seis o siete años.

Consecuentemente, comprendemos que "mediana edad" es un concepto muy relativo. Para quienes viven en Europa, Canadá o los Estados Unidos, podría darse alrededor de los cuarenta años. Para quienes viven en países emergentes, donde la expectativa de vida es de sesenta años, será a los treinta. Y para quienes atraviesan condiciones de vida extremas, puede ser a los cinco, seis o diez años. Por esta razón considero que la pregunta debería ser reformulada.

1.2 ¿Cómo definiría la mediana edad?

La definiría tal y como sostuve antes. La definición de mediana edad a nivel psicológico es algo que el psicoanalista realiza en su campo de trabajo. No existe como "cosa-en-sí-misma". Y si nosotros hablamos de edad biológica, esta dependerá del país o la ciudad que estemos considerando.

En el caso de pacientes capaces de *insight* y con una consciencia adecuada, que pueden comprender que han recorrido un largo camino en la vida y que tienen un número limitado de años por vivir, podrán ayudarnos a comprender su percepción de la mediana edad. Pero existen pacientes que carecen de esta capacidad de *insight*, tal es el caso de adictos a las drogas, psicóticos y pacientes fronterizos, precisamente el tipo de pacientes a los que me dedico.

La desmentida del paso del tiempo es un componente de la personalidad psicótica, lleva a la obliteración del tiempo y del espacio, y, consecuentemente, también al concepto de mediana edad.

1.3 ¿Cree usted que existe una especificidad para la mediana edad equivalente a la que se le adjudica a la adolescencia en el psicoanálisis? De ser así, ¿considera la mediana edad como una etapa del desarrollo?

No, yo no creo que sea equivalente a la adolescencia o a los modelos del primer año de vida, la sexualidad infantil o la pubertad. Esos son estadios que están determinados por mecanismos que Freud ha descrito.

Existen ciertas conductas que se repiten en personas de mediana edad en los países occidentales desarrollados. Si estas conductas se repiten, podemos concluir que existe un modelo de conductas repetitivas, vinculadas al matrimonio, a tener hijos, a la muerte de los padres u otros miembros familiares, o a la percepción del envejecimiento del propio cuerpo. Podemos entonces hablar de ciertos moldes reiterativos, y consecuentemente de lo que le sucede a las personas de mediana edad en el primer mundo. Pero estos moldes no pueden aplicarse a los individuos que viven en países pobres de América Latina, Asia o África.

Por ejemplo, yo supervisé el caso de un niño de once años que había sido reclutado por terroristas de Hezbollah. Sabía usar armas de fuego. En esa situación no existe la adolescencia, se ha evaporado. En muchas regiones de los Estados Unidos y de otros países, la adolescencia también ha desaparecido: a determinada edad comienzan a comportarse como adultos, inmersos en el mundo del crimen y de las drogas.

En algunas estructuras sociales y familiares más o menos organizadas, es posible para la comunidad permitir al niño desarrollar su adolescencia. Esta es la tesis más importante del gran psicoanalista Erik Erikson. La familia y la sociedad son los que permiten al niño desarrollar su adolescencia. Cuando esto no sucede: no hay adolescencia.

Algunas veces, tal como pude observar con muchos pacientes, la ruptura y la represión sexual no se dan durante la pubertad o la adolescencia, sino a los treinta o cuarenta años. Sólo entonces la exuberancia sexual puede manifestarse.

Las prohibiciones familiares introyectadas son más agotadoras que la biología y las hormonas.

Sección 2: la mediana edad desde los trabajos de Sigmund Freud.

2.1 ¿Cuáles son los conceptos teóricos de Sigmund Freud que pueden ser útiles para una comprensión de la mediana edad?, aún más, ¿cómo podría explicar la mediana edad partiendo de las teorías y conceptos de Sigmund Freud?

Si me baso en los conceptos de Freud, tendría que decir que no tiene un concepto específico para la mediana edad, considerando sus teorías acerca de la infancia y otros momentos del desarrollo.

Sin embargo, las ideas de Freud nos ayudan a discernir los modelos repetitivos de conducta que nos permiten, en su momento, asumir un modelo que podemos generalizar y comprender así lo que sucede en la mediana edad.

Este concepto está citado sólo dos veces en la Standard Edition, pero las citas no están vinculadas de ninguna manera con algún estadio evolutivo.

Sección tres: perspectiva personal acerca de la mediana edad.

3.1 ¿Cómo definiría las principales características generales y metapsicológicas de la mediana edad desde su punto de vista teórico?

Desde mi punto de vista teórico, es un modelo de conducta que se repite en algunas comunidades, familias y grupos sociales en aquellos países que disfrutan de buenas condiciones socio-económicas. Pero esto no es representativo de lo que sucede con el resto de la humanidad.

En mi proceso de trabajo, prefiero asociar esto a una visión interna, a una percepción interna, a un *insight* del mundo interno. De cualquier manera, no todos los individuos pueden experimentarla, puesto que aquellos que no pueden percibir el registro del paso del tiempo a través de su edad biológica, o de la edad de sus hijos, o de la muerte de algunos miembros de su familia, serán incapaces de tal *insight*. Los filósofos filosofan sobre la mediana edad cuando se aproximan a la muerte.

Me gustaría agregar, en el contexto de mi marco teórico, que la des-mentida, por ejemplo en pacientes adictos a las drogas, conduce a que no puedan registrar el paso del tiempo, en una desmentida total de su propia edad o del hecho de que son viejos. Este mismo mecanismo puede observarse en pacientes psicóticos.

Existen muchos casos clínicos sobre histeria en Freud. Son trabajos hermosos, pero todas esas pacientes tenían alrededor de treinta años. Anna O, El Hombre de las Ratas, Emma, tanto como algunos otros pacientes de Freud que encontramos en las notas al pie de página. Pero la mediana edad no está presente como concepto en sus escritos. Trató gente joven. La mediana edad no tiene entidad como estadio del desarrollo. Consecuentemente, repito: no existe como cosa-en-sí-misma, es una definición que surge desde el campo del trabajo psicoanalítico.

Romain Rolland en *The Enchanted Soul*, sostuvo que su vida terminó a los sesenta. Hoy en día, con la cantidad de enfermedades que pueden curarse, con trasplantes, la expectativa de vida se ha ampliado enormemente.

3.2 ¿Qué sucede durante la mediana edad? ¿Cuál es el paisaje psíquico durante la mediana edad?

Esta es una pregunta muy difícil. Depende de la visión del analista y de la visión del paciente. En el contexto de pacientes de países desarrollados, existen algunos elementos que se repiten, patrones de conducta.

Si hablamos de nuestros pacientes, los pacientes de mediana edad son capaces de *insight* y de percibir los cambios en su cuerpo. También pueden reconocer que sus hijos ya no son niños sino adultos, quienes quizás ya estén casados, y que sus nietos tanto como la edad de los propios padres pueden ayudarles a reconocer su propia edad y el tiempo de vida que les queda.

No puedo dejar de repetir que esto depende del universo que estemos evaluando.

Volviendo a Freud, podemos decir que él trató a un cierto tipo de pacientes. Hoy que tenemos más experiencia, vemos pacientes con niveles de psicosis más importantes, pacientes fronterizos, que pueden venir a nuestras consultas. Años atrás, ni siquiera buscaban tratamiento, sólo les quedaba el hospital o el hospicio. Hoy en día tenemos drogas y psicoanalistas que pueden tratar a los pacientes adultos psicóticos y fronterizos, a los niños psicóticos y autistas.

3.3 ¿Cuál es el punto de partida de la mediana edad?
¿Cuáles son sus principales características?

Esta es una pregunta demasiado abstracta. El punto de partida es la consciencia, la percepción del envejecimiento y de las enfermedades corporales, la muerte de nuestros padres y de otros seres queridos, la edad de nuestros hijos. El reconocimiento del tiempo que se ha ido irrevocablemente puede ser un tema conjunto de paciente y analista.

Sección cuatro: addenda sobre la mediana edad.

4.1 ¿Cuál es la pregunta y la respuesta correspondiente que le hubiera agradado añadir a este cuestionario acerca de la mediana edad?

Me gustaría añadir lo que he mantenido en las primeras respuestas. ¿De qué estamos hablando? ¿De la percepción biológica o de la edad biológica? ¿De qué clase social? ¿En qué ciudad del mundo? ¿De qué estructura familiar estamos hablando? ¿De quién me habla cuando me formula estas preguntas?

Sección cinco: espacio libre.

5.1 Nuevamente, en el estilo de pregunta y respuesta, ahora usted es libre de añadir cualquier tema de su interés, no necesariamente vinculado con la mediana edad.

En África central cientos de personas mueren de hambre, por falta de agua potable y también de sarampión. Las vacunas llegan a Africa, pero las autoridades locales que se suponen tienen que administrarlas no lo hacen, porque es muy difícil llegar a los caseríos, a las villas escondidas, a menudo muy alto en las montañas. Mis colegas de *Medicins du Monde* me dicen que los voluntarios no dan abasto. Miles de niños mueren de sarampión, muere un niño de malaria cada cuarenta y ocho segundos. Quisiera insistir: existe un universo diferente al que los psicoanalistas como nosotros, que vivimos en grandes ciudades, no le prestamos atención.

Pero el concepto de mediana edad en esos países no es el mismo que en el nuestro. Si no especificamos de qué persona estamos hablando, de qué familia, de qué cultura, de qué comunidad, de qué ambiente social, las preguntas resultan demasiado abstractas y muy amplias.

Me agradaría añadir que me parece muy importante trabajar con el concepto de auto-consciencia, consciencia de nuestra propia vida, de nuestra propia edad y conflictos en el trabajo psicoanalítico. Lo que sucede es que los psicoanalistas tenemos pacientes de clase media de países desarrollados, y especialmente de ciudades del Primer Mundo, con atención médica y psicológica adecuada disponible. Ellos son conscientes de que han alcanzado la mediana edad cuando comprenden (los que son capaces de tener *insight*) que les queda un número finito de años por vivir y comienzan a preocuparse por no haber utilizado o disfrutado lo suficiente los años pasados.

For Product Safety Concerns and Information please contact our EU
representative GPSR@taylorandfrancis.com
Taylor & Francis Verlag GmbH, Kaufingerstraße 24, 80331 München, Germany